新保育内容シリーズ

【新訂】子どもと言葉

岡田　明●編

岡田　明
岡崎比佐子
加藤清子
古宇田亮順
相馬和子
永野　泉
中村美津子
●共著

萌文書林 HOUBUNSHORIN

新訂版はしがき

　本書は，幼児の言葉の発達の理解や指導に関心をもつ保育者，学生，ならびに研究者たちのために書かれた幼児の言語指導のマニュアルであり，新しい保育内容「領域言葉」の理解と実践のための手引書である。
　言葉，なかんずく幼児の言葉は実に大切なものである。それは幼児期に言葉を失ったり，不自由な場合を考えれば一目瞭然であろう。幼児期では話す聞くが中心になる。それらが不如意な場合が聾（ろう）であり，難聴である。6歳までに話す聞くが不十分なときには，その後の知的・社会的ならびに情緒的発達に非常に悪い影響が出てくる。"9歳レベルの壁"が発生し，平均的には9歳以上の精神発達が不可能になるのである。
　言葉は，思考の媒体，コミュニケーションの成立ならびに行動の調整機能には欠かせないものである。言葉は幼児期に発達が著しいことも併せ考えると，幼児期の言葉の指導は，その後の発達に著しい影響を与えることが理解されよう。
　言葉の発達の理解や指導について正しい考え方，導き方の根拠を与え，実践の指針を示すために本書は編まれた。適切な指導や援助により，幼児の成長と発達に寄与されることを編者らは祈っている。
　本書の特色は次のようなものである。
　1）幼児の言葉の指導の問題を原理的にとらえてあること。
　2）保育者が実践すべき指導や援助の理解の手がかりとして，できるかぎり事例を具体的に提示したこと。
　3）言葉の発達に遅れのある子どもたちに対するかかわり方にも触れてあること。
　4）これは特に大切なことであるが，新しく改訂された幼稚園教育要領・保育所保育指針に準拠していること。よって，教え込むのではなく子どもに視座をおいた記述を中心としていること。
　以上が本書を編むにあたって心がけたことである。
　特に本書は，筆者らがすべて一堂に会して何回もディスカッションをして書

きあげたため，無駄な重複などをなくし，また，表現等についてもでき得るかぎりの統一に努めたつもりである。

平成20年3月，「幼稚園教育要領」「保育所保育指針」が共に改訂（定）された。本書もこれを機に，全体を見直して必要箇所の訂正を行い，＜新訂＞版として発刊することとした。

まだまだ不十分な点も多々あると思われるので，お気づきの点があったら是非ご教示をいただきたい。さらに版を重ねる中で一層の充実を図っていきたいと願っている。

最後になったが，服部雅生社長も終始，ディスカッション・改訂作業に熱心に参加されたことも感謝にたえない。記して謝意を表する。

平成20年7月

編　者

新訂第2版に寄せて

前回の改訂（定）から10年を経て，平成29年3月31日に「幼稚園教育要領」（文部科学省告示第62号）「保育所保育指針」（厚生労働省告示第117号）「幼保連携型認定こども園教育・保育要領」（内閣府・文部科学省・厚生労働省告示第1号）がそろって改訂（定）告示されました。

時を同じくして告示されたのは，初めてのことです。この度の改訂（定）の特徴の一つは，子ども達が，幼稚園，保育所，認定こども園のどこで生活していても，5歳児修了時までに育ってほしい姿は同じであり，育みたい資質・能力を踏まえ，「幼児期の終わりまでに育って欲しい姿」を共通の10項目として示したことでしょう。

改訂（定）に伴い本書も内容の見直しを迫られ，僭越ながら必要個所の加筆・訂正を行わせていただきました。不十分な点が多いかと思いますがご容赦いただきたく存じます。

今回の改訂（定）作業にあたり，服部直人社長に多大なご尽力をいただきましたこと，ありがたくお礼申しあげます。

平成30年1月

岡﨑　比佐子

もくじ

第1部　乳幼児の発達と言葉

第1章　人の生活と言葉 …………………………………… 2
Ⅰ　言葉とは何か ………………………………………… 2
1. 考える働き ………………………………………… 2
2. 共有関係の成立 …………………………………… 3
3. 行動の調整 ………………………………………… 5
4. 感情への働き ……………………………………… 6

Ⅱ　言葉が人間生活の中で果たす役割・機能 ………… 7
1. 話す・聞くこと …………………………………… 7
2. 読むこと …………………………………………… 8
3. 書くこと …………………………………………… 8

Ⅲ　乳幼児の言葉の特色 ………………………………… 9

第2章　乳幼児期の言葉の発達と環境 …………………… 11
Ⅰ　子どもの発達と言葉の発達 ………………………… 11
1. 初語のころまで（誕生〜1歳ころ）………………… 11
2. 一語発話のころ（1歳前後）……………………… 13
3. 二語発話のころ（1歳半〜2歳）………………… 14
4. 「コレナーニ」の質問のころ（2歳前後）………… 17
5. 想像遊びがさかんのころ（3歳のころ）………… 18
6. 生活に言葉が定着するころ（4歳〜6歳のころ）… 19
7. 6歳以降 …………………………………………… 21

Ⅱ　言葉の発達と環境 …………………………………… 23
1. 人とのかかわり …………………………………… 23

2．子どもの生活……………………………………………………25
　　3．遊びなど…………………………………………………………26
　Ⅲ　言葉の面にあらわれた問題の理解と園における対応…………28
　　1．発音が独特である………………………………………………28
　　2．声が独特である…………………………………………………29
　　3．吃　　音…………………………………………………………29
　　4．口　蓋　裂………………………………………………………30
　　5．言葉の発達の遅れ………………………………………………31
　　6．話そうとしない…………………………………………………32
　　7．人の話が聞けない………………………………………………33
　　8．聞き分ける力がない……………………………………………34
　　9．言葉にあらわれた問題のある幼児の保育……………………34

第2部　保育内容としての「言葉」

第3章　領域「言葉」のねらいと内容……………………………38
　Ⅰ　子どもにとって言葉とは…………………………………………38
　　1．言葉以前の言葉…………………………………………………38
　　2．クーイングから喃語へ…………………………………………38
　　3．喃語から初語へ…………………………………………………39
　Ⅱ　幼稚園・保育所・認定こども園の特徴と領域「言葉」………40
　Ⅲ　幼稚園教育要領……………………………………………………42
　　1．幼稚園教育において育みたい資質・能力の明確化…………44
　　2．小学校教育との円滑な接続……………………………………44
　　3．現代的な諸課題を踏まえた教育内容の見直し………………44
　Ⅳ　保育所保育指針……………………………………………………54
　Ⅴ　幼保連携型認定こども園教育・保育要領………………………66
　　1．認定こども園とは………………………………………………66
　　2．幼保連携型認定こども園の「教育・保育要領」……………67
　　第3章章末資料　幼保連携型認定こども園教育・保育要領……70

第4章　領域「言葉」の具体的な内容 … 73
　Ⅰ　聞く力を育てるために … 73
　Ⅱ　言葉による表現を豊かにするために … 77
　Ⅲ　考える・想像する力を育てるために … 80
　Ⅳ　標識や文字・記号などへの興味や関心を育てるために … 83

第3部　保育活動と「言葉」

第5章　言葉かけを中心としての援助とかかわり … 88
　Ⅰ　0・1・2・3歳児と保育者のかかわり … 89
　　1．0歳児とのかかわり … 89
　　2．1歳児とのかかわり … 91
　　3．2歳児とのかかわり … 94
　　4．3歳児とのかかわり … 98
　　5．年少児の年長児とのかかわりの中で … 102
　Ⅱ　4・5歳児の活動と保育者のかかわり … 104
　　1．集団活動の中での言語活動 … 105
　　2．保育者の援助とかかわり … 109
　　3．文字への興味の発達 … 120

第6章　児童文化財を通しての援助とかかわり … 124
　Ⅰ　お　話 … 124
　　1．お話とは … 124
　　2．お話の特徴 … 125
　　3．お話の選択と留意点 … 126
　Ⅱ　絵　本 … 127
　　1．絵本とは … 127
　　2．子どもの発達と絵本 … 128
　　3．絵本の特徴 … 129
　　4．絵本を読み聞かせるときの留意点 … 130

Ⅲ　紙芝居 …………………………………………………………… *131*
    1．紙芝居とは ……………………………………………………… *131*
    2．紙芝居の特徴 …………………………………………………… *132*
    3．紙芝居の選択と扱い方 ………………………………………… *134*
  Ⅳ　パネルシアター ………………………………………………… *135*
    1．パネルシアターとは …………………………………………… *135*
    2．パネルシアターの特徴 ………………………………………… *136*
    3．保育におけるパネルシアターの必要性 ……………………… *137*
    4．パネルシアターの準備と演じ方 ……………………………… *139*
  Ⅴ　おもちゃ ………………………………………………………… *143*
    1．おもちゃとは …………………………………………………… *143*
    2．おもちゃの種類 ………………………………………………… *143*
    3．おもちゃの特徴 ………………………………………………… *144*
    4．おもちゃを選ぶときの留意点 ………………………………… *145*
  Ⅵ　テ レ ビ ………………………………………………………… *146*
    1．テレビとは ……………………………………………………… *146*
    2．テレビの特徴 …………………………………………………… *147*
    3．指導上の留意点 ………………………………………………… *148*

第7章　言葉の育ち（言語発達）をとらえる視点 ………………… *150*
  Ⅰ　育ちをとらえる視点 …………………………………………… *151*
    1．自己表現としての言葉の育ち ………………………………… *151*
    2．かかわりを持とうとする言葉の育ち ………………………… *152*
    3．相手の言葉を受けとめようとする心の育ち ………………… *154*
    4．生活用語としての言葉の育ち ………………………………… *155*
    5．考える力の育ち ………………………………………………… *156*
    6．言葉から広がるイメージの育ち ……………………………… *157*
    7．読む力・書く力の育ち ………………………………………… *158*
  Ⅱ　保育評価の生かしかた ………………………………………… *161*

引用・参考文献 ……………………………………………………*167*

〈執 筆 分 担〉

第1章……………………………………岡 田　　明
第2章……………………………………中村美津子
第3章……………………………………岡﨑比佐子
第4章……………………………………相 馬 和 子
第5章　I ………………………………岡﨑比佐子
II ………………………………加 藤 清 子
第6章　I・II・V・VI…………………永 野　　泉
III・IV…………………………古宇田亮順
第7章……………………………………岡﨑比佐子

第1部

乳幼児の発達と言葉

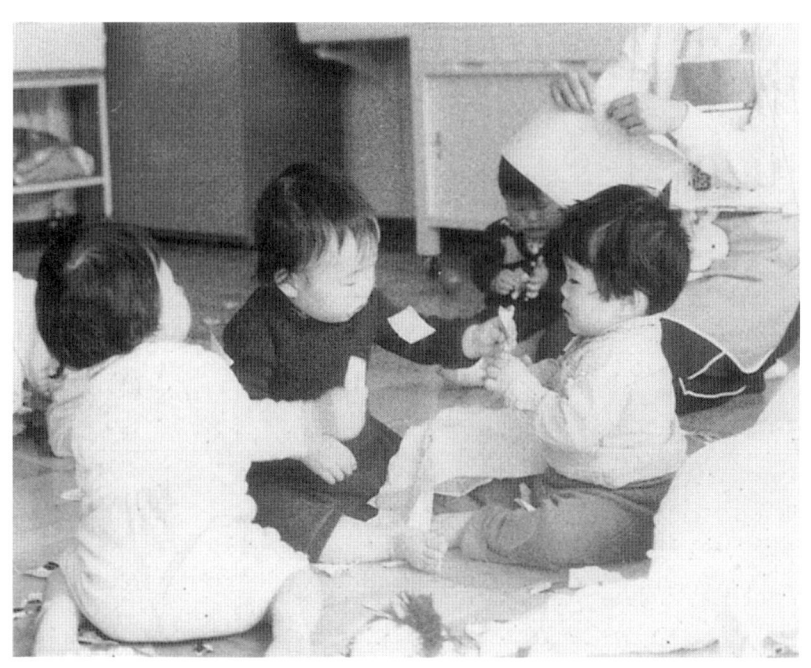

第1章

人の生活と言葉

I 言葉とは何か

1．考える働き

考えることは特定の意味を示すシンボルの知的操作を含んでいる。
ところでそのシンボルには2種類ある。
1つは映像やイメージによるものである。
もう1つは言葉によるものである。
未開人が食物を求めてジャングルをさまようときにはイメージの操作だけで十分であった。しかしながら、社会が発展して複雑化するにつれてイメージや映像だけの認知では不十分になってきた。

先端技術のことや宇宙開発のことを考えてみれば分かることであろう。文学や政治についてもそうである。それらはイメージだけでは不十分だ。

勇気とか名誉といった抽象語の理解は、映像認知によってだけでは難しい。事実ヘレン・ケラーは、言葉の学習で、本やノートなどの具体語の学習は容易に行われたが、「愛情」の理解ではつまずいている。

新しい経験や概念を表すためには、新しくてより精巧な言葉のシンボルの創造を必要としているのである。それを道具にして人は考えを構成したり、逆に人の考えを理解したりできるようになるのだ。そのような考えの操作の過程が

思考である。

　私たちは言葉を使っていろいろなものを認識している。だからどのような母国語を持つかによっても，事物の認知に違いが出てくる。言語相対性仮説を提唱したサピアとウォーフ（Sapir, E and Whorf, B. L.）の仮説は次のようなものである。「普段用いている言葉の構造やその表現形式が，それを使う人々の意識や感情や思考様式を規定する」という考え方だ。

　「わび」や「さび」は，日本文化の特徴を示すものとして考えられている。わびやさびは欧米語に翻訳が難しい。そういう概念がないのだ。

　一方，古代のヤマトコトバでは，「自然」を意味する単語がないと言う。そこでは自然を自分からはなして対象化することがなかったのである。

　日本人はどちらかと言えば感情的である。これが日本語の中で比較的抽象名詞の少ないこと，擬態語や擬音語の多いことにつながっている。特に昔の日本人による文学には情意の表現はきわめて細かく叙述されているのに，哲学の思考などは十分でなかったのである。どちらかと言えば理性的ではなかった。理性的に考えるための言葉を持たなかったためである。

　「ブラブラ散歩する」の「ブラブラ」が擬態語である。「雨がザーザー降る」の「ザーザー」は擬音語である。これは人の声で物の音に擬したものである。これらの擬態語や擬音語による表現や理解は，物事を概念によってとらえ，分析したり総合したりするものではない。それらは欧米の構えと大いに異なる点であろう。

　ワタクシ，ボク，オレ，アナタ，オマエなど自他を示す代名詞が豊かなのも日本語の特色である。日本人は相手が自分を平等に扱ったか，下においたか，尊敬したかにきわめて敏感である。

　このように言葉は人の考え方や感じ方に大きな影響を与える。

2．共有関係の成立

　初期のコミュニケーションの形は，火をたいたり煙や太鼓を用いたりするものであった。最近では，ネオン，図書，新聞，ファックス，衛星放送によるテレビ中継などがある。それでもなお，基本的な伝え合う手段は，話すこと，聞くこと，書くこと，読むことに変わりはなく，言語によるコミュニケーションは

重要な側面を持っている。

言葉は特定の言語集団のメンバーによって共通に保有されている音声や文字と意味のまとまりである。だから一つの集団では，決まった発話をし，決まった文字をしっかりと覚え，それで正確に相手に自分の意思を伝え，また相手の意思を理解しなければならない。そこに，他者間の共有関係が成立する。

それは共通の概念を持たせ，共通の認識を可能にする。それはまた，人間関係を発展させ豊かなものにする。さらに相手の感情や愛情を理解し，自分の愛情や感情を相手に伝えることができる。このようにしてさらに豊かな人間関係の開発に寄与することもできるようになるのである。

だから一定の言語社会では，完全に共通する言葉を受け入れなければならなくなる。まったく新しい事態では創出や借り入れが行われる。

人は言葉によって思想や感情を伝え合ってきた。言語の使用は高等精神作用の過程でもある。だから人は自分の考えを深めるとともに言葉を獲得し，磨き上げていかなければならない。

言葉は1人の考えや思想を2人以上の財産とするものだ。これが共有関係と言われるものである。

系統発生的にみると，初期のコミュニケーションでは，叫びやジェスチャーや表情などの自然のサインが使われていた。それにより，要求が提出され感情が表に出されて，自然にコミュニケーションが成立した。

言語的発声は暗闇のときには特に有効であった。音声言語が抽象化し複雑化する一方で，文字が案出された。書かれた言葉，つまり書記言語は記録を可能にし，後世に文化を伝えることが可能になった。それは同世代の人々ばかりでなく，後に続く人々へのコミュニケーションを可能にしたのである。それはまた，複雑化する現代社会にあって有効な共有関係の成立を可能にしている。

コミュニケーションの成立

一人で海外旅行が可能なのも言葉による援助が大きい。自国語ばかりでなく外国語をも獲得したうえで，説明書や注意書を読み，特定のルートや規則に従って行動しなければならない。そこでは聞いたり話したり，読んだり書いたりしてコミュニケーションをし，他者と考えの共有関係を持たなければならなくなる。初めての一人での外国旅行などは高度な精神活動が要求される。そこでは言葉による状況の代表機能によって，複雑な事態に適切に対応していかなければならない。代表機能によって，複雑な状況に対応できるためには言葉が欠かせないのである。

3．行動の調整

人は言葉を通して自分に命令を下し，一定の行動を起こし，ある時には言葉に従って行動を抑制したり，何を優先させるべきかを決定している。このように自己の行動を言葉で統制する機能を言葉の調整機能と言っている。

愛知県でろう生徒が遮断機のある踏切で交通事故にあった。ろう児は言葉の獲得が難しい。音が入力されないので困るのである。音には物理的なものもあるが，音声としての言葉もある。言葉は意味を担っている。だから意味も十分に入ってこないことになる。特に早期の失聴は問題である。

このようなろう児は踏切を「見る」ことができても，自分に「止まれ」という命令を出すことができなかったのではないか。もちろん警戒音が入らなかったこともあろうが，ふだんから音声語が入らないので〝調整機能〟が訓練されていないのだ。ろう学校の教師は，言葉による調整機能が不十分なことを私に告げていた。

言葉の調整機能が整うのは，4,5歳くらいになってからである。4,5歳になると言葉を事物や事象の代表として使用することができ，やがて自分を言葉で統制したりすることができるようになる。

4，5歳になると言葉の調整機能が整う

大人が交通信号としての赤や青を見て「ゴー」とか「よし」とかまたは「とまれ」と小声で発声するのは、自分で自分に言い聞かせているのである。これらは言葉の調整機能を活用していることになる。

自分で言葉を発し、自分で受信することは、自分の中でコミュニケーションが行われていることを意味する。こうすることで考えも深まっていく。これによってまとまった話ができたり、作文が書かれたりする。さらに発展すれば論文になったり文学になったりする。これによって文化が開発されていくのである。

4．感情への働き

感情が言葉に影響を与えるのは当然だが、言葉は感情へも働きかける。お世辞でもよい、他人に自分の長所をほめられたりすると快感を覚えるであろう。これはほめ言葉が人に快の感情を与えたためである。このように言葉は感情へ大きな影響を与えるものである。

逆に他人が自分のコンプレックスにふれるようなことを多くの人の前で言うようなとき、怒りや不快の感情が産出する。これも言葉が感情へ働きかけた結果なのである。

だから人間関係をスムーズにさせるためには、言葉の与える影響をよく考えて発話しなければならないであろう。

悩みを持った青年がいる。彼ないし彼女が自分の親友に思いのたけをぶつけて話をしたとする。すると不思議なことに気分が晴れて、スーッとすることがある。これは自分の緊張が解消したからなのだ。これも言葉が感情に与えた効果の証（あかし）であろう。

自己内コミュニケーションでもそうである。つまり自分で悩みを書きつけたり、あるいは山や河原で大声を出したりする。ここでもたまったものを吐き出し、不快感を解消できたりする。ここでも言葉のもつ感情への働きかけの機能をみてとることができる。

悩みを持っていても、いろいろ考えたあげく、考え方を変えることがある。それによって見方が一変することがある。

読書療法という心理療法がある。交通違反を犯してしかたのなかった少年が、

読書療法を受けた。治療士は毎日一篇ずつ「天国にいるお父さま」を与えて読後の感想を話し合った。「天国にいるお父さま」は交通遺児の作文集である。天国にいる父を偲ぶ作文集である。これを読んだ少年は20セッション目に，涙を流して過去を反省し，その後車にのらなくなった。ここでは少年が作文の主人公と同一化し，いかに行動すべきかの洞察を持つとともに，感情への働きかけで涙を流し，緊張の解消つまりカタルシスが行われたためだと考えられる。

II 言葉が人間生活の中で果たす役割・機能

1．話す・聞くこと

　話す・聞くためには，言葉が不可欠である。喫茶店で話すにも，ラウンジで話すにも，言葉が使用される。電話，劇などでも使用される。
　相手のことを配慮し自分をも統制しながら話すときには，一般によい雰囲気が作り出される。これは望ましい人間関係に発展する。それは人間生活を豊かにし，多くの情報を得させ，人間開発を可能にし，社会性を発展させ，安定した感情生活を送らせる基礎にもなる。
　人間生活の中では，話し合いは，討論，報告，説明などにも見られる。
　デンマークの言語学者イェスペルセン（Jespersen, J.）は，言葉に3つの水準を考えた。他人が理解できる言葉，正しい言葉，明瞭で美しいよい言葉である。

　他人が理解できる言葉とは，音節がはっきりしていて，コミュニケーションが可能な言語である。正しい言葉とは，コトバの連鎖つまり文法規則に合った言葉である。美しい言

葉とは，たとえば，すぐれたアナウンサーの言葉である。人は，明瞭で美しいよい言葉を目指さなければならぬ，それにより人間生活は美しくなる。

2．読むこと

読むことで人は経験を拡大し，知識を増やすことができる。

われわれの経験には限りがある。すべての外国へ行くわけにもいくまい。宇宙へ行ける人は限られている。

われわれは直接経験にたよっていたのでは偏り，底の浅いものになる。そのためには，手や足でふれられないものを代理経験で補わなければならなくなる。その働きを読書は果たしてくれる。テレビなどの媒体でもそれを行えるが，しかし読書には視聴覚教材にはない利点が多い。

読書は多くの作品の中から最も良いものを自由に選べるし，場所も時間も自由である。また各人のペースで読め，再読も可能である。休むことも考えることも自由である。何を選ぼうと，どこでいつ読もうと自由なのである。特別の機械も不要だ。

著者の思想や感動の追体験だけでなく，各人の主体的反応で，人間開発や創造が行われ，人間形成が行われるのが読書である。

他人の情報を取り入れるばかりでなく，自己認識が強化される。これが弁証法的展開によって新しい人格が創造される。つまり外からと中からの力が働いて，新しい人格が作り出されていくのである。

3．書くこと

書くことで知的発達が可能になる。書くためには，書く材料をまず収集しなければならない。次にそれらを取捨選択し，重みづけをし，配列順序を考えることが大切である。そのためには多くの思考力を必要とする。これは知的発展につながる。それは書き手の内面を充実させ，個性的価値を高める。

書くことは治療にもつながる。「〜したいなあ」という形式で詩を書かせることで空想性を高め，緊張を解消させ安全感や安心感を深めることができる。これが心理療法になるゆえんである。

父親を恐れる子どもは成人一般を敵視し，無視されている子どもは愛情物語

を書き，内向的な子どもは勇敢な作品を手がけるとも言われている。

　書くにはいろいろな場面がある。手紙なり，提出すべき書類，レポートなどだ。自分で創出する場合には，情報を収集し，主題を確定し，構想を立て，表現をし，推敲しなければならない。

　このことは人を確実なものにする。昔から話すことは人に勇気を与え，書くことは人を確実にするといわれている。確実にするとは人に真理を与えることを意味する。それは安定感を与えることでもある。

III　乳幼児の言葉の特色

　乳幼児の言葉は言葉より身ぶりなどで訴えることが多い。また言葉で表現しても「ごはん」という一語文で話し，「ごはんを食べたい。」という文の形態を使うことが少ない。

　幼児音・幼児語も多く使われる。5歳ぐらいになると発声器官が成熟してくるので，幼児語はだんだんと少なくなっていく。

　幼児期になると，絵本，紙芝居，放送などを喜んで見たり聞いたりするようになる。

　2，3歳児では名前を呼ばれれば応答できる。おはよう，ありがとう，ごめんなさい，おやすみなさいといった日常のあいさつもできるようになる。

　5歳児ともなれば自分からすすんで話したり，話し合いがある程度可能になってくる。質問や伝言もできるようになる。

　先生や友達の話を注意して聞

くことができるようになるのは4,5歳くらいからである。童話を喜んで聞くこともできる。

5歳では自分の名前を読んだり書いたりすることもできるようになる。

人の発達は感覚から始まる。これは,さわって,快・不快を感じるようなものである。やがてまわりのものを見たり聞いたりして情報の収集が可能になる。知覚である。知覚したものは想像する。

さらに発達すれば,赤い女の人のデザインがあれば女便所,黒ならば男便所だと分かってくる。これは赤や黒の象徴機能が分かってきたことを意味する。

紙の白もワイシャツの白も,白として認識するようになる。これは概念形成ができたことだ。これに音や文字が同定(認知され,それと分かる)されれば言葉になる。

乳児は,感覚・知覚が中心である。しかし幼児期では,想像や,象徴化や概念化が行われるようになり,言葉が発達するのである。

図1-1　理解と表現の関連（岡田　明）

言葉は図1-1に示すように,理解には,聞く読むの過程があり,表現には,話す,書くの過程がある。

音声を媒体として使用すれば,聞く,話すであり,文字の場合には,読む,書くとなる。

乳児期は聞くが中心であるが,幼児期は話す方に移り,読む,書くも少しはできるようになる。だからまずは話し言葉に重点を置いて指導すべきである。

第 2 章

乳幼児期の言葉の発達と環境

I　子どもの発達と言葉の発達

　赤ちゃんはコミュニケーションする能力を備えて生まれてくる。全身でまわりの人たちに働きかけ，またまわりの人たちからの応答を楽しんでいる。こうしたやりとりの心地よさを存分に体験して，やりとりの手段の一つとして言葉を獲得する。その後も人々との直接的なやりとりや，人々のやりとりを見聞きしたり，まわりのものとの関わりなどを経験して，言葉は豊かになっていく。
　本章では，始めに乳幼児期の言葉の発達の様子を，全体的な発達の筋道にそって見ていくことにする。第II節では子どもたちがかかわる環境のいくつかを，言葉の発達との関連から考え，第III節では，言葉に表れる問題とみなされている事柄について学んでいく。

1．初語のころまで（誕生～1歳ころ）

　赤ちゃんは誕生すると肺呼吸を始め，そのとき最初の声が発せられる。これは産声（うぶごえ）と呼ばれ，元気に産声を上げる赤ちゃんをおとなたちは喜びと祝福をもって迎える。
　その後の1カ月は眠っていることが多く，このころの発声は空腹や不快などに伴う「泣き」がほとんどである。その「泣き」は，声と顔の表情ばかりでなく手足や全身によって表されている。赤ちゃんが空腹で泣くと，養育者(親や保

育者など)は授乳をする。満たされた赤ちゃんは満足感を全身でかもし出す。赤ちゃんが感じた不快や快は，このように声や表情，全身の動きで表され，養育者はそこから赤ちゃんの欲求を受け止めて，適切な対応をしようとする。

　赤ちゃんの欲求に対して養育者からの世話がピッタリあてはまると，そこでは互いが満足感を味わい，またそこにはコミュニケーションが成立する。そこには赤ちゃんと養育者の未分化な一体感もある。このような赤ちゃんと養育者の情動的なかかわりは，赤ちゃんの言語能力の発達の基盤作りに欠かすことができないものである。

　また，赤ちゃんは哺乳のとき，哺乳と休憩を繰り返す。赤ちゃんが哺乳しているときには赤ちゃんが飲みやすいようにと養育者はそっと見守り，赤ちゃんが休憩すると養育者はそっとゆすったり優しく言葉をかけたりと働きかけている。そこには対話のようなリズムが生まれており，このやりとりのリズムを繰り返し経験することが，赤ちゃんの対話能力の基礎になっていると考えられる。

　生後1カ月のころには泣き声ばかりでなく，心地よい状態で目覚めているときに「ア」とか「クー」といったクーイング(呼吸に伴う偶発的な発声)が発せられるようになる。それに対しておとなは返事をするように語りかけている。3カ月ころになると，おとなの語りかけや働きかけに対して，赤ちゃんは手足を動かして応答したり，喃語(音の高さや長さなどを赤ちゃんが調音した発声)で返すことが多くなる。

　赤ちゃんは誕生した日から，人の語りかけの声とその他の物音とを聞き分けており，3カ月のころには自分への語りかけとそうでない大人の発声とを区別して，自分に語りかけて欲しいと喃語や泣き声などで要求したりする。この要求にまわりの人が応えてやることは，赤ちゃんの発声活動を励まし，音声の言語化を促すことになっている。

　発声器官や聴覚器官の発達に伴って，5，6カ月ころには多様な音の種類やイントネーションの，反復喃語が発せられる。赤ちゃんが喃語を発するのは人に対する要求などのコミュニケーションを目的としている場合や，自らの発声器官や聴覚器官の働きを楽しんだり，心地よさが全身で表出される際に伴っている場合などさまざまである。いずれにしても，喃語がより多く発せられるのは赤ちゃんが一人でいるときよりも，まわりにおとながいるときであるから，

赤ちゃんの発声の多くは人に向けられまた人に誘発されることがわかる。

　6カ月ころには，養育者など特定の人々との間で喃語を始めとする全身を使ったコミュニケーションが盛んになり，スムーズになる。またそれに伴って，人見知り行動が現れてくる。8カ月近くなると，親しい人の単純な語りかけや慣れた場面での言葉を理解する様子がみられる。

2．一語発話のころ（1歳前後）

　「ウマンマ」などの喃語の発声が食べ物に向けられるまたは食べている場面で発せされると，大人は「そう，マンマだね。マンマおいしいね。」などと，あたかも子どもが食べ物や食べる行動を「ウマンマ」の喃語で表現したかのように受けて応える。こうした状況が度々みられると，この子は「マンマ」という言葉を使い始めたと解釈する。このように，子どもの発声が特定の状況や物と結びついていると認められた最初の音声パターンを初語（始語ともいう）と呼ぶ。初語は先の「マンマ」や「ワンワン」，「ブーブ」など，食べ物や人，動物，乗り物，あるいは遊びや生活に関係するもののいずれかである場合が多い。それは，まわりの大人がそれと認めやすいことにもよるであろう。初語の音声形式は特徴的で，ほとんどが [p,b,m,n,t,d] のいずれかを含む「子音＋母音」の反復型である。

　初語が認められる時期は1歳前後の場合が多いが個人差は大きく，8，9カ月ころの子どももある。1歳半ころまでにはほとんどの子どもがいくつかの言葉を持っている。この時期の一語発話は色々の意味に使われる。従って，子どもの発した「マンマ」の発話を，状況によっては「マンマをちょうだい」，「お父さんがマンマを食べている」，「マンマがテーブルの上にある」，「マンマをお兄ちゃんにとられちゃった」などと違う意味に聞き取ることになる。

　この一語発話は「一語文」と呼ばれる。それは本来の文構造（主部＋述部）を備えた発話ではないが意味的には文で表される内容であること，またこの時期の子どもは内的には文構造を持っていて，それを発する能力が十分に成熟していないために一語発話になっているということによるのである。

　一語発話をするようになっても，言葉にならない発声も多く聞かれる。おとなの発話のイントネーションだけを模倣して発声したり，自分なりの造語もあ

る。これらの行動は，音声の言語化や文の獲得の基礎的行動になっている。この模倣行動の発達に加えて，相手と物をやりとりする行動（三項関係）や，指さし行動，何かの振りをするフリ行動，ごっこ遊びは，言葉の獲得と発達を支える働きをしている行動である。大人を相手に「ちょうだい」「どうぞ」と物をやり取りすることや，ボールを転がして受け渡しすることなどを楽しく遊び，食べる振りや眠った振りなどを盛んにやる。

指さし行動

およそ20カ月のころから，指さし行動と発語が組み合わされてあたかも一つの文を構成しているかのような行動が見られる。たとえば，テーブルの上の牛乳ビンに目をやって自分のカップを指差し，「ニューニュー（牛乳）」と発話してカップに牛乳を注いで欲しいと求めるなどである。そんなとき，まわりのおとなは「牛乳をカップに入れて欲しいのね。はい，入れてあげましょうね。」などと言いながら求めに応じるであろう。このようなやりとりが多く見られるようになると，まもなく二語発話が始まる。

3．二語発話のころ（1歳半～2歳）

2つの自立語をつなげて発話するようになるのは，多くの子どもで1歳半から2歳の間である。二語発話では一語発話よりも表現できる内容が広くなる。目の前の事象を述べるばかりでなく，眼前にないことや時間的に少し前の出来事も言い表すことができる。「お父さんはどこに行ったの」と尋ねられると，「オトータン カイタ（会社）」と答えるなどである。またこのころ，「マンマヨー」とか「チョウダイネ」と自立語に助詞の付属語（文末詞）がついた発話もよく聞かれる。その多くはヨ，テ（デ），ネなどの終助詞である。

助詞の種類は徐々に増えるが，格助詞を使うようになるのは三語文が出てからである。格助詞は自立語の間にあって，相互の従属関係あるいは限定の関係

を表すので，格助詞を使うことによって表現内容はより明確になる。格助詞を使うのは，子ども自身に，対象と対象の関係の認識が育っている現われでもある。

　ところで，この時期の子どもの発する語には成人の使う語と違う独特のものがある。自動車を「ブーブ」，腹を「ポンポン」，猫を「ニャーニャ」，魚を「トト」というように，ある対象を示す音声が成人のそれとまったく違っているものを「幼児語（別名：育児語）」という。それとは別に，魚を「チャカナ」や「タカナ」，りんごを「インゴ」や「ディンゴ」というような幼児特有の発音の乱れがあり，これを「幼児音」とよぶ。両者はまとめて「赤ちゃん語」または「(広義の) 幼児語」と呼ばれることがあるが，「幼児語（別名：育児語）」と「幼児音」ではその成り立ちがまったく異なる。次に，それぞれの成り立ちを簡単に述べる。

　＜幼児語・育児語＞
　「ブーブ」や「ポンポン」などは，養育している大人が子どもに与えることによって子どもが覚えて使っている語であり，幼児語または育児語と呼ばれる。幼児語の音の構成を見ると，喃語として発声されていた音あるいは早い時期にも調音されやすい音の組み合わせ，同じ音の繰り返し，擬声音，一定の長さがあるなど，幼児が調音しやすい音であったりまた指し示すものと結び付けやすい音でできていることがわかる。養育者が幼児語を使うことによって，子どもは語音とそれが指し示す対象とを結びつけて理解することが助けられる。赤ちゃんへの語りかけに幼児語を使うことは古くからの子育ての知恵である。

　2歳ころまでは，子どもの使う語彙（使用語彙）の中に幼児語の占める割合が高いが，3歳にかけて急速に成人語に移行する。3歳児では幼児語の占める割合は一般的に非常に低い。(次ページ図2-1参照)

　＜幼児音＞
　「チャカナ」や「ディンゴ」など幼児音が発せられるのは，子どもの調音器官が未成熟であることと音声認知能力が未発達であることによる。したがって他人には変に聞こえても，子ども自身は正しく発音しているつもりの場合も多い。幼児音は発達の過程で誰でも多少は経験する生理的で一時的なものであり，関連器官の成熟とまわりの人たちの正しい対応によって順次成人音に移行して

表2-1に示したように、母音やマ行音、パ行音、カ行音などは比較的早くから正しく調音される音であり、ラ行音やサ行音（シ以外）は幼児期の終わり頃にならないと正しく調音されにくい音である。

幼児音には、①**音の脱落**（単語の中のある音が脱落しているもので、テレビが「テビ」になるのは音節の脱落であり、「テエビ」となるのは子音の省略である。②**音の置換**（他の音と置き換えられて発音されるもので、エンピツが「エンペツ」になるなどの母音の置換と、カラダが「カダダ」になるなどの子音の

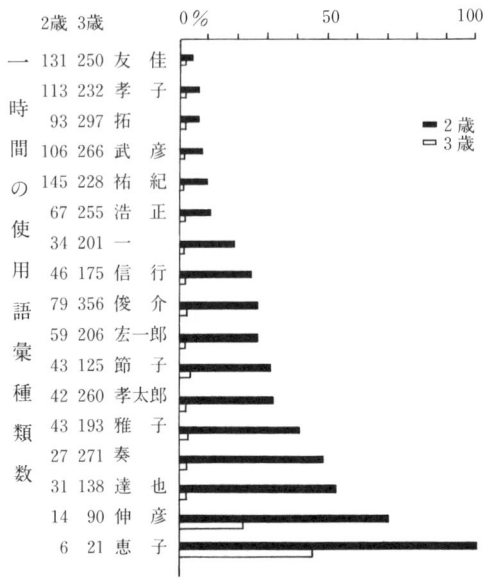

図2-1　17名の幼児の使用語彙に占める幼児語の比率
（注：恵子は知的障害があり言語発達に遅れがあった）
（中西靖子, 1978）

表2-1　75％の幼児が構音できた年齢

年　齢	75％以上の幼児が構音できた音節
1：3〜1：5	ワ
2：6〜2：8	母音, カ行音, ナ行音, マ行音, バ行音, タ, テ, ト
2：9〜2：11	パ行音
3：0〜3：5	ヤ行音, ガ行音, チ, ヒ, フ, ジ, ン
3：6〜3：11	
4：0〜4：5	シ, ハ行音（ヒ, フ以外）
4：6〜4：11	
5：0〜5：5	ツ, ザ行音（ジ以外）
5：6〜5：11	サ行音（シ以外）, ラ行音

（中島誠, 1962と安田章子, 1968を筆者合成）

置換がある），③**音の転置**（単語を構成している音の位置が入れ替わるもので，トウモロコシが「トウコロモシ」になるなどである），④**その他**（シッポが「シッポコ」になるなど，語中にない音が付け加えられるものなど）がある。

4．「コレナーニ」の質問のころ（2歳前後）

　言葉を獲得して2歳近くなると，手近にあるもの，興味のあるもの，絵本の中のものなどを指さして，「コレハ？」「ナニ？」「コレナーニ？」と盛んに質問する。それは，ものや事象が音声によって表せることを知り，気づいてきた音声と対象との象徴関係を確かなものにしていく過程でもある。同じ質問を何度も繰り返すことも多い。それは質問によってその相手との言葉のやりとり遊びをしている面がある。この時期には自分からものを相手にやり，再びもらおうとする「やり―もらい」の遊びやボールの受け渡しなどの遊びを好んでやっている。また，この時期には大人とのかかわりの中で言葉を積極的に使おうとする。こうして，語彙が急速に増えていく。

　子どもの持っている語彙数を正確に数えることはできないので，使用語彙数を測定して，理解語彙を含む語彙量を推測することになる。1歳前後では数語から10語くらいであり，2歳までに300語近くになる。さらに，3歳までにおよそ1000語，4歳までに1500語以上，5歳までに2000語を超え，6歳までには2200語から3000語以上を数える。使用語彙数とは，その時期に始めて使用された語彙数を，それ以前の語彙数に加えた値である（累計）。ところが，3歳の頃によく歌っていた歌を5歳の頃には覚えていないことがあるように，消失語彙も少なくない。したがって，実際にある時期に使用している語彙数は上記の使用語彙数よりかなり下回ることになる。

　語彙の増加の内容は，日常生活に関するさまざまの分野の用語や各種の品詞の増加もあり，質的な発達も見られる。初語の頃は，名詞または動詞，感動詞だけであったものが，形容詞や副詞など修飾語も増え，助詞や接続詞も加わって，2歳までにはほとんど全ての品詞を使うようになる。

　このような語彙の急激な増加の背景には象徴機能の形成がある。象徴機能とは，ある対象をそれとはまったく異なった別のもので表示する働きである。子どもの内に，ある対象についての表象が構成されていて，それを象徴体によっ

て表現することになる。子どもがブロックの自動車を「ブッブー」と動かしている行為には象徴機能の形成がみられる。その場合，子どもにはすでに自動車の表象があり，その表象にしたがってブロックを操作しているのである。

言葉（言語音声と文字）は象徴体のもっとも高度な形態である。たとえば「犬」を話題にするとき，犬についての自分自身の表象を表現するために「イヌ」という音声（象徴・記号）を用いている。目の前に実物の犬（指示物・対象）がなくても犬を話題にできるのは，犬についての表象をもっていてそれを言葉にしているからである。そして，その言葉はその人の外部にある実物の犬に対応している。指示物である対象と，その表象ないしは意味と，表象を象徴する記号（言葉）との関係は図2-2のようになっている。

図2-2　象徴機能の働き

5．想像遊びがさかんのころ（3歳のころ）

3歳のころになると想像遊びはますますさかんになる。「ウソッコニ，…・シテルノ」とか，「今日は，ウルトラマン・エースデ，オ風呂ニ行クンダ」とそのポーズをとったり，「『パンジャ』ッテ呼ンデクレナイカナ」と，生活のいたるところで想像物になりきっている。劇遊びに喜んで積極的に参加する。

その頃になると，日常会話にはほとんど不自由しないほどの語彙を習得しており，その中の幼児語の割合は少なくなっている。一方，発音面は安定し，声の大きさの調節をしてささやき声で話すことができるようになる。ごっこ遊びをさかんにするなかで，声の高さや大きさを調節して，人形の言葉と自分の発話とを区別する様子も見られる。

また，おとなに対して今日の経験を積極的に話そうとするし，子どもの話しかけにうまく応じてくれるおとなとなら電話でやりとりもする。子どもどうしのコミュニケーションも言葉でやろうとする機会が増える。このように，3歳代は言葉による生活が板についてくる時期である。

言葉の使用が活発になるに伴って，自分で工夫したり，類推して使う言葉が増えるから，使い方の間違いも多く見られる。「タダイマ」と「オカエリナサイ」

などの対語を間違えたり，「アカイノクツ」と所有を表す格助詞を形容詞につける間違いもある。間違いの中でも否定する際の「ナイ」の付け方の間違いは特に多く，「オイチイナイ（おいしくない）」，「スキクナイ(好きではない)」，「タベラナイ（食べない）」など多様である。

自分なりに言葉を理解したり状況を把握して，造語をすることも少なくない。鼻から出る「ハナヂ」に対して，指から出た血を「ユビヂ」というのはその例である。言葉が幾つかの別の言葉の組み合わせで構成されていることに気づくと，

ごっこ遊びの中の発話

言葉を遊ぶようにもなる。「上野動物園には行けないかも知れないね」と言われて，「ジャア，下ノ動物園ニ行コウ」と対語で遊んだりする。また，「そんなふうに振り回したら危ないでしょうが」と注意されると，「**デショウガ**，ッテ言ッタラ，**ショウガ**ニナッチャウデ**ショウガ**」と応酬もする。言葉の音だけを取り出して扱う能力が育ってくると，このようなやりとりもみられる。

また，自分の言葉で自分の行動を調整するようになり，「ボクモ手ヲ洗ッテコヨウット」，「明日ハ，泣カナイデバイバイスルカラネ」という発話も珍しくない。しかし，言葉による行動の保留や抑止はまだ難しい。

6．生活に言葉が定着するころ（4歳～6歳のころ）

4歳近くなると，過去・現在・未来の区別は明確になり，一連の出来事を時間にそって順序立てて話すことができるようになる。このころは，副詞や形容詞などの修飾語をうまく使って，詳しい話ができる。また，接続詞や接続助詞を使って，事象と事象との関係を表現する。その際，「ソレカラ」や「……ノデ」のように順接的表現を多く用い，逆説的関係の事象を表現するにも逆説的表現をすることが少ない。それは，この時期の子どもが因果関係の認識能力や論理的思考能力という面で未熟であることと関係している。ちなみに,「だから」

の論理的機能を獲得するのは小学生以降である。

　さらに，人の発話や語の意味的理解も進み，言葉を使った生活が定着する。会話に言葉を用いるが，言葉だけで伝達することは十分とはいえない。すなわち，目の前にない事象の伝達や共通の経験を持っていない内容についてのやりとりはスムーズにいかない。これは，この時期の子どもの心性が自己中心的であることによるといわれる。しかし，4歳児でもおとなに対する話し方と年少児に対する話し方とを違えることをやる。相手に理解できるように話そうという気持ちが見られるのである。

　4歳を過ぎると構音は上達し，最後まで難しかったサ行音（シ以外）とラ行音も6歳になるまでには正しく構音できるようになる。

　ところで，文字に関心を示すのは一般に話し言葉に不自由しなくなった頃からといわれる。3歳代に文字に関心を示すこともある。そのころの文字の捉え方は，絵記号に近いものであり，語と文字（群）の対応で読んでいるようである。したがって，1，2，3のような数字の読みはたやすい。文字で自分の名前と他人の名前の識別もする。

> 例：「まほ」と書いてあるものは「マホッテ書イテアルカラ僕ノジャナイ，オ兄チャンノダ」と指摘し，「とほ」と書いてあるものは「コレハ僕ノダヨ，ダッテ，トホッテカイテアルデショ」と言ったりする。音節記号として文字を捉えているのでないことは，読みながらの指さしからも推測できるが，同時期の次の例でもわかる。鹿の絵に「し」と書いてある文字を「シカ」と読んでいて，「しかのし」であることを指摘しても譲らない。

　音節の記号として文字をとらえる（かな文字を読む）準備が整うのは，多くは4歳代前半から後半にかけてのころである。かな文字を読むためには，語を構成している音節の分解ができ，一つ一つの音節を取り出せることが必要である。このころまでの全体的発達を基盤として，5歳から6歳にかけて文字への関心は高まり，関心に応じた文字環境と周囲の大人の対応によって，幼児期の終わりころには多くのかな文字を読むようになる。かな文字は20字くらい読めるようになると，急速に清音のほとんどを読めるようになる。また，拗音など特殊音節のすべてを習得するころには，直前に読んだ文字たちを結び付けて記憶し

たり，そのまとまりから内容を思い起こす能力も育ってきて，拾い読みから単語読みをするようになる。その後，文を読んで内容を理解するまでにはさらに時間が必要である。そのころまでに自分の経験を話したり絵を見てお話をする経験などを多くやってきた子どもは，文を読んで，その内容を理解するまでに多くの時間を必要としないようである。

　一方，文字を書くことについては，文字の意義に気づくとその後の習得は早い。かな文字を正しく書く準備能力は幼児期の終わりころから小学校入学のころに急速に整う。筆記具を持った手と腕の微細で意図的な運動能力と，図形の形や方向の認知能力が成熟するのである。この時期の系統的で正しい指導によって，幼児期に多かった鏡文字やでたらめの筆順は急速に改善されていく。文字を正しく書けることは，自己表現と伝達の手段を獲得することとして大切である。しかしながら，幼児期には感動する経験や想像をめぐらす経験を豊かにもつことと表現したり伝えたい欲求が育つことは，欠くことのできない重要な内面的育ちである。

　ところで，5歳近くなると遊びの中でなぞなぞも盛んになる。言葉とイメージのつながり方や，そのズレの意外性を発見して楽しんでいるようである。また，5歳くらいからは文の矛盾を指摘できるようになり，その後『あくびがでるほどおもしろい話（松岡亮子作）』の矛盾などを楽しめるようにもなる。

7．6歳以降

　児童期の言葉の生活の特徴の一つは，言葉による思考が活発になることである。それは，言語的概念化と内言（音声として外に出さずに，個人の内側で使う言葉）の発達による。加えて，言葉による行動調整も発達する。

　もう一つの特徴は，文字言語が生活の重要な部分を占めるようになることである。

　また，幼児期で話し言葉は一応完成するといわれるが，十分というのではなく，その後も発達を続ける。相手に理解できるように話そうと努めるし，相手の話を聞いて理解しようとする力もついてくるから，話し合いができるようになる。状況把握は正確になり，語の理解が深まって話し方にバリエーションがもたせられるので，相手への説明も要領を得たものになってくる。

表2-2　子どもの言葉の発達（まとめ）

初語のころまで	○産声から始まる泣き声に次第に変化がみられる。 ○生後1カ月前後からクーイングが聞かれ，2カ月前後から喃語が現れる。 ○人の声と物音との識別は誕生後間もなくからできる。 ○6カ月ころまでには，特定の人とのコミュニケーションができ，人見知り的行動も現れる。 ○8カ月近くなると，親しい人の語りかけや慣れた場面での言葉に理解反応がみられる。
一語発話のころ	○8，9カ月から1歳半ころまでの間に初語が現れる。 ○新しい音声や動作をさかんに模倣する。 ○人とのやりとりを楽しみ，動作による伝達が増える。 ○象徴機能の芽生えであるフリ表現が始まる。 ○指さし行動が始まる。
二語発話のころ	○1歳半から2歳の間に2語発話が始まる。 ○助詞の種類がふえる。 ○幼児語や幼児音が多い。
2歳前後	○「コレナーニ？」とさかんに質問し，語彙数が急増する。 ○品詞の種類も増え，2歳までには，ほとんどすべての品詞を使う。
3歳のころ	○想像遊びがたいへん活発になる。 ○日常の会話にはほとんど不自由しない。 ○発音面も安定し，声の大きさの調節ができる。 ○大人となら電話でやりとりする。子どもどうしのコミュニケーションも言葉でやろうとする。 ○言葉の使い方の間違いや自分勝手な新語もよくある。 ○自分の言葉で自分の行動を調整できる。
4歳から6歳のころ	○4歳近くなると，過去・現在・未来の一連の出来事を時間的に順序だてて話すことができる。 ○副詞や形容詞などを使って詳しい話をする。接続詞や接続助詞を使って，事象と事象との関係を表現する。 ○人の発話や語の意味的理解も進み，言葉を使った生活が定着する。 ○言葉だけに頼った伝達には限界がある。 ○4歳を過ぎると構音は上達し，6歳になるころには幼児音はほとんどなくなる。 ○文字に関心を示し，ひらがなの読み書きを始める。
6歳以降	○言葉による思考が活発になる。 ○話合いができるようになる。 ○言葉による行動調整機能も発達する。 ○文字言語が生活の重要な部分を占めるようになる。

ところで，子どもは言葉を獲得することによって概念を確かなものにすると同時に，自分なりに概念を組み立てたりもする。また，言葉の獲得によって目の前にないものについて仲間や養育者たちとイメージを共有することができるし，空腹や痛い，うれしいなどの内的な状態，過去の経験などを養育者に伝えるのが容易になる。命とか神とか幸福などの抽象的な概念は，言葉なしではとらえにくいものである。

　一方，言葉の獲得に伴って，子どもの調音や認知に制限が加えられるという面もある。その一つは，喃語時代に発声していた多様な音声の中から，母国語の声音だけの調音を上達させるということである。また，言葉にはその言語がもつ体系があり，言葉を使う人の認識や思考を左右している。したがって，子どもの思考は，初めて獲得する言語に含まれる思考体系に限定されていくことになるのである。

II　言葉の発達と環境

　言葉を獲得し使用する能力を備えて生まれる人間も，その能力が発現するためには，適切な環境との主体的かかわりとそれに伴う内的な発達が欠かせない。また，言葉を使いこなす技術や言葉に対する感性も幼児時代から磨かれていく。

1．人とのかかわり

(1)　情緒的安定と共感的関係

　人や物，言葉に対して関心を示し，それらに働きかけたり自分で操作したり自分の中に取り入れたりという外界に対する積極性を発揮することを通して言葉は獲得される。この積極性は情緒的に安定した状況で発揮され，特定の人たちとの情緒的なつながり（愛着関係）が安定している状態で活発である。授乳やおむつ交換の際などに子どもと養育者は未分化な一体感を経験し情動の共有を経験しやすい（前項で述べた）。また，子どもが周囲に働きかけて何らかの達成感

を経験した際に養育者がそれに共感するとか、子どもが初めてのことに挑む際に不安や恐怖を経験することがあるがそれに養育者が共感することはよくある。こういった早い時期からの養育者との情動の共有、また共感的関係を経験することによって、子どもには自分を表現する意欲が育ち、表現する能力が育っていくのである。

(2) おとなの言葉

おとなが子どもに働きかける場合、教える目的であった場合もそうでない場合も、そこから子どもは様々なことを学び取る。はしを使い始めるころの子どもに、おとなは手をとってはしの扱い方を教えたり見本を示したりしながら、言葉でも説明する。そこで子どもははしの扱い方を習得すると同時に、動作と言葉の結びつきも理解していく。

また、そのような食卓場面ではこれからの予定が話題となることもある。すると子どもたちは予定や出来事を言葉で語る語り方を学ぶことになり、食卓にふさわしい話題はどんなことかということも知ることになる。この場面で子どもは話し方を始め、考える言葉の使い方や、出来事のとらえ方、そして生活の作り方も学んでいることがわかる。

はしを使うこともその一つであるが、子どもたちは社会的ルールを自分のものにすることに強い関心を示す。そのため、おとなの使っている言葉を模倣したり、自分で修正することを繰り返し、3歳ではほとんどの品詞と主な構文を使うようになる。

このように、周囲のおとなたち、とくに養育者たちの言葉の使い方やものごとのとらえ方、言葉に対する態度などが、子どもの言葉の使い方やものごとのとらえ方、言葉に対する態度に強い影響を与えていることがわかる。

(3) 仲間との生活

家族やごく親しい人との間で

保育者の言葉は子どもの活動に大きな影響を与える

は言葉で表現しなくても互いの思いが伝わることはよくある。しかし多数の子どもたちと保育者が集団で生活する園では，保育者がある子どもの思いを言葉にして他の子どもに伝えることがよくある。そこで子どもは，自分の思いを言葉で表現する方法を学び，概念をより確かなものにしていくことになる。

また複数の子どもたちのいる場面では，子どもは保育者が別の子どもに語りかけている言葉にも接する。直接自分に向けられたのではない言葉からもいろいろのことを知っていく。人に対する共感の気持ちを表現する言葉，誉める言葉，教える言葉，禁止の言葉など。

さらに，保育者が子どもに対して言葉で説明するように求めることもある。言葉にすることによって，その子どもの概念は整理され，言葉による思考が促されるのである。

子どもにとって仲間との生活の意義はその他にもある。子ども同士の生活では言葉にしないで共感しあえる経験も多いから，さまざまの思いを共有しあう仲間との経験は，経験が楽しいものになり，思いが大切なものになっていく。それに，仲間の言語化は，おとなの言語化よりも子ども自身にとってよりわかりやすく，概念化の助けになりやすい場合も多くある。

2．子どもの生活

(1) 表現意欲をわかせる生活体験

子どもの生活にとって情緒的に安定できる環境が基本であることはすでに述べた。その上で，適度に情動を動かす豊かな生活体験は子どもの表現意欲を刺激する。そこに子どもの表現を受け止めるおとながいれば，子どもの意欲は発揮され，自分の経験を語り出す。園の毎日に強い刺激と変化に富んだ生活が求められているのではない。鉄棒についた水滴が陽光に輝くさまに目が向くように仕向けたり，真剣に取り組んだ雑草の根をついに抜いた感動が表現されるのを待ったりと，それは毎日の生活の中にもたくさんある。

(2) とらえやすい生活の流れ

毎日の生活には繰り返しの部分が多い。子どもは繰り返し経験することで，そこに含まれている行為の意味や因果関係を理解しやすい。手を洗ってから食事をすることを繰り返し経験してその流れを自分のものにしていくが，その経

験の中には言葉を伴うことが多い。「おててをきれいきれいして，マンマにしようね」，「食事ですよ，手を洗っていらっしゃい」など。同じような状況で同じような表現が繰り返し聞かれるから，子どもにとっては言葉の意味を理解しやすい。また，洗った手を拭くタオルが毎日清潔で魅力的なものであり，食事の内容にバリエーションがあったり食事の場所に変化が加えられることは，毎日繰り返される基本的な生活の流れに潤いをもたらし，言葉の意味を豊かなものにする。さらに，そこで学んだ事柄は，ごっこ遊びなどで子どもが自ら再現することによって子どもの中に確かなものとなっていく。

(3) 自分の時間の保証

子どもは経験したことを自分の言葉でとらえ直したり，おとなに言われたことを自分も言葉にしてみたりと，言葉を自分に引きつける作業を主体的にやっている。この作業を通して経験は意味付けられ確かな知識や力となるから，子どもはこの知識や力に基づいた行動をしていくことができる。この作業は子ども一人一人の主体的な作業であるから，子どもには，経験を自分の言葉にするための，何にも拘束されない，自分の時間が保証されていることが欠かせない。

3．遊びなど

(1) 遊びうた，わらべ歌，ことば遊びなど

養育者は赤ちゃんが言葉を獲得するずっと前から，赤ちゃんに言葉をかけたり言葉で遊びかけている。おむつを替えながら，授乳をしながら，着替えをさせながら，また眠らせながら，話しかけたり歌ったりする。「いないいないばあ」や「あがり目，さがり目，…」で遊びかけたりもする。そのようなときに，赤ちゃんは生理的身体的心地よさや情緒的心地よさと共に音声的心地よさも味わうことになる。このような全体的心地よさの中で言葉に触れる経験は，ことばの獲得にとって大切な前提となる経験である。

子どもとおとなと遊ぶときあるいは仲間で遊ぶときの古くからの遊びうたやわらべ歌がある。「ずいずいずっころばし　ごまみそずい　………」「かごめかごめ　かごのなかのとりは　…………」「あんたがたどこさ　ひごさ　ひごどこさ　…………」など，聞きなれない言葉やおもしろい言葉，不思議な展開で，興味深いけれども正確な意味が子どもにはわからないものも多い。言葉を伴った遊

びの心地よさは遊ぶ仲間の共感を高めてくれる。またこうした遊びは伝達や概念化，思考などの機能的な言葉の使用法ばかりでなく，楽しみとしての言葉の使用法を知ることになり，言葉を現実から切り離して操作することに習熟することになる。言葉を現実から切り離して操作することができると，言葉のしくみに気づくことができ，言葉を自由に操ることができるようになることに通じると考えられ，わらべ歌やことば遊びの意義が近年見直されている。

(2) **本読み**

子どもは文字を読むよりずっと以前から本を読んでいる。何度も読み聞かせてもらった絵本を，「読んであげる」と言って，あたかも読んでいるかのように再現して語ったりすることがある。挿し絵を見て内容や話の筋をイメージでき，文章を覚えてしまうようである。養育者と共にこうした経験を重ねることで，後に文字を読めるようになってから，文字を読んで話を理解するということができるようになっていくのである。

絵本のどこに注意を向けるか，どのような注意の向け方をするのかということは，一緒に見ている養育者の影響も受けている。表2-3は，3歳後半の子ども4人に，それぞれの母親がどのような読み聞かせをしているのか調査したものである。それぞれ読む絵本の種類や読み方は様々であり，絵本を見ながらの対話の内容もいろいろである。子どもが注意を向ける事柄や注意の向け方は，一緒に見ている母親の影響も受けていることがわかる。

表2-3 母子の「読み聞かせ方」のいろいろ

(内田 1994 より引用)

	A児（女）	B児（男）	C児（男）	D児（女）
よく読む絵本の種類	生活絵本 物語絵本	電車の図鑑 電車の物語絵本	物語絵本（子どもの友）	挿し絵の少ない童話，物語絵本
読み方	同じ本を繰り返し読む	同じ本を繰り返し読む	同じ本を繰り返し読む	毎日異なる絵本を読む
対話の内容	筋や登場人物に対する感想と絵本の地の文に対する対話が多い。	母親からの内容理解を促進する発話が多い。	C児からの発話が多く，絵本の地の文への対話が多い。	対話は少ない。絵本読みのルールや現実場面との比較が多い。

III 言葉の面にあらわれた問題の理解と園における対応

　保育をしている中で，子どもの発音が独特である，言葉が遅れているのではないか，言葉を使わずにすぐに暴力的な行動になる，吃る，保育者の話をほとんど理解しない，話さないなど，言葉の面に問題を感じることがある。
　言葉の発達の項でも述べたように，言葉の発達は認知機能や発声器官の発達と密接に絡み合っているので，子どもの言葉は認知機能の発達や発声器官の成熟に左右されるところが大きい。認知機能や発声器官の働きはまた，環境の影響も強く受けている。したがって，言葉の面にあらわれる問題も，その要因は実にさまざまの要素が絡み合っていることが多い。
　言葉にあらわれた問題から，その子どもの発達上の障害が発見されることも多い。
　ここでは，言葉の面にあらわれた問題の現象をどのように理解したらよいのか，原因となっている発達上の障害と関連があるのかなどを知り，幼稚園や保育園における対応の仕方を考える。

1. 発音が独特である

　話し言葉の一つの音またはいくつかの音が，一般的な成人の発音と違っていて変に聞こえることがある。スイカが「チュイカ」や「クイカ」，「スイア」，「スイタ」になっているとか，リンゴが「ジンゴ」や「リンモ」，「ディンゴ」になっているなどがその例であり，構音障害といわれる。このような独特な発音は言葉の発達過程で一過性のものとして誰でも多少経験して成長する（幼児音）。
　それとは別に，構音障害の原因として別の問題がある場合がある。難聴や精神発達遅滞，言葉の発達の遅れ，口蓋裂など調音器官の形態の特徴，などがそれである。この場合には，構音障害をもたらしている原因に対する治療・教育が専門機関でなされることになる。
　また一方，精神発達にも聴力にも調音器官にもこれといった問題がないもの

も多くある。調音のやりかたを身につける時期に，ちょっとした理由で，誤った発音を身につけてしまったものである。早い時期に気づいて，専門的で適切な対応をすることによって，短期間に正しい調音を身につけることが多い。発音を注意して言い直させたり叱ったりすることは，その調音を固定させたり話すことをためらわせたり，別の問題に発展させることになることがあるから気をつけたい。

いずれにしても，子ども自身に発音が変であることを意識させることは逆効果であるので留意しなければならない。また，ときには，独特の発音がその人の魅力となることがあることも心に留めたい。

2．声が独特である

子どもの声にも個性があり，高い声，低い声，大きい声，小さい声，鼻声，しわがれ声，かすれ声，苦しそうな声など，一人一人特徴を持っている。時には声帯に一時的または慢性の病気がある場合もある。また，大きすぎる声は軽い難聴によることもある。極端な場合（音声障害といわれる）には専門機関に相談することが必要である。病気があれば治療がなされるし，多くの場合呼吸法を含む正しい発声の指導が行われる。

3．吃　音

話しはじめに始めの音を繰り返したり（「きききき，きのう，おとうさんと……」），話しはじめに詰まった後で発話するとか（「……ぼ　くも　行くんだ」），話し言葉が滑らかに出てこない現象を吃音という。話すリズムが滑らかでないこのような話し方は，幼児では多かれ少なかれみられる。それをまわりのおとなが気にして「吃っている」とか「このまま吃音になってしまうのではないか」と心配するか，それともとくに気にしないでいるかによって，その後の成り行きは大きく違ってくるといわれている。

幼児期には話したい欲求が強まってくる。急速に言葉を獲得しているけれども，思うように言葉にできない。その結果吃音のような発話になる。これが3歳前後の吃音の多くである。一過性の吃音であるから，まわりのおとなは焦らせないでゆったりと耳を傾け，おおらかに聞いてやることが大切である。「吃ら

ないように気をつけて、ゆっくりお話しなさい」というように、子ども自身に自分の話し方を意識させることは最悪の方法である。

　また、発達的一過性とは別に、心理的に不安定になっている時に吃音の症状になることがある。弟や妹の誕生のころから吃音が始まったというのもよく聞く。家庭生活の大きな変化で母親（養育者）が心理的に動揺し、子どもに吃音の症状が現れたということもある。この場合も、本人に話し方がまずいことを意識させると、悪化させることはあっても改善に向かうことはないのでおとなは気をつけたい。子どもが心理的安定を得ると、とたんに吃音も消えたり、徐々に消えたりする。

　他に、失語症や脳性麻痺、知的障害、中枢性構音障害など、脳や脳幹に損傷がある場合にも吃音や吃音によく似た現象が現れることがある。これらの場合には吃音以外に別の症状を伴っていることが多い。

　幼児の話し方のリズムの乱れが、発達的一過性のものであるのか吃音であるのかを判別することは容易ではない。この判別は熟達した専門家によってなされる。子どもの吃音の症状が長く続く場合には、医療機関に相談することも必要である。

4. 口蓋裂

　口の中の天井を口蓋といい、胎生期にこの部分が適正に形成されないと口蓋裂となる。同時に上唇も割れている場合もある。鼻咽腔が十分に閉じないのでその程度によっては出生直後に哺乳障害や咀嚼機能障害、ひいては発育機能障害、構音の障害と構音の発達の遅れなどがおこる。

　近年では出生直後に発見されることが多く、関連各部位の発達やその後の問題などを考慮しながら適切な早期に、外科的治療とその後の訓練が施されている。手術は、口唇裂の場合生後4カ月前後に、口蓋裂では言語習得前ということを目指して1歳半前に行われることが多い。手術後は、手術した部位を構音器官として適切に使用できるようになるために、専門の機能訓練や構音訓練が必要になる。従って口蓋裂の子どもに対しては、形成外科や口腔外科などチーム・アプローチが必要とされている。

5．言葉の発達の遅れ

　1歳から2歳半のころまでの時期で，発する語がまったくないかもしくは極端に少ないとか，2歳から3，4歳ころまでの時期で，語彙数が増えず二語文の出現が遅いなどは言葉の発達の遅れの症状といわれる。さらに，3，4歳から5歳までの時期，構文が幼く，助詞の使い方に発達が認めにくく，時制や因果関係にも矛盾が多いという症状がみられる。言葉の発達の遅れは，言葉を獲得する以前から認められている。およそ2，3ヶ月から1歳半ころまでの時期に，発声が乏しく，コミュニケーション欲求は弱く，初語がみられないなどの症状がそれである。

　言葉の発達の遅れの原因はさまざまであり，聴覚障害や知的障害，自閉症，脳性麻痺，中枢神経の障害などの器質的な障害のほかに，養育環境上の問題や情緒的問題，対人関係の問題などがある。

　聴覚障害はごく**軽度の難聴**からほとんど聞こえない**重度の難聴**，さらには全く聞こえない**全ろう**まで幅が広い。子どもの難聴は養育者にも気づかれにくい場合がある。外耳から中耳にかけての障害による伝音性難聴の場合は，補聴器の装用によって音を増幅させるとほとんど正常の聞こえと同じくらいになる。ところが内耳や聴覚中枢の障害による感音性難聴は，医学的治療による聴力の回復が困難な場合も多く，補聴器の装用の効果が期待しにくい。

　生まれたときからまったく聞こえない先天性の聾の場合，生後3カ月間の発声は健聴児（正常な聴力の子ども）と同じだが，4カ月ころから特定の音声ばかりを繰り返し使う傾向が現れ，6カ月ころからは使う喃語の範囲がかなり限定されたものになる。健聴児の場合は自分の発声を自分の聴覚でモニターし，調整して発声・発語をしているが，聞こえない場合にはこのモニターして調整する部分に障害がある。したがって，12カ月ころまでの発声は健聴児と変わりないが，その後は抑揚のない平板な発声が顕著になる。

　知的障害では，初語期が1年以上も遅れたり，言葉の理解度や構文の力が弱い，語彙が乏しい，構音に遅れがある，などがみられる。

　自閉症では，言葉の発達は非常に遅れているかまたは極端に偏った様相をみせる（極端な偏りの例として，コミュニケーションとしての言葉の使用がまったく見

られない3歳児で，数字やひらがな・カタカナを書いているケースや，幼児期終りころに電車の名称や電車の各部分の名称だけを話題にするケースなどがあった。）。 幼児期にはエコラリア（反響語，おうむがえし）と代名詞の反転などが特徴であり，少し成長すると未熟な文法構造と抽象語を用いることの困難さなどが顕著となる。話し言葉と身振りによる言語を対人関係において用いる能力が障害されていることも特徴である。

脳性麻痺では，脳の何らかの病変のために肢体や姿勢に何らかの不随意運動が現れ，脳の損傷部位やその程度によって，言葉の発達の遅れや構音障害，話し方に滑らかさが欠ける，などがみられる。それらの問題は専門機関における療育によって軽減されることも少なくない。

中枢神経の障害が推測される場合には，知能はほとんど正常かまたはそれ以上でありながら，視覚認知とそれに関する諸機能の障害が特徴的で，文字や文章の読みの学習が困難であったり，数量の概念を始めとする算数の学習が困難であるなどの学習障害がみられる。また，社会性と他人の話す言葉の理解は比較的よいが，言葉で表現することに問題が見られ，3歳になっても二語文を話さない者が多いなどの場合もある。早期からの適切な対応によって，二次的な障害を予防することも大切である。

環境の問題による言葉の発達の遅れは，言語環境が本人の言語獲得と発達にとって不利な状況で生活し成長している場合である。生後まもなくから言葉を用いた人間関係から隔離されている場合や，音声言語を用いない（聾啞の）両親だけに育てられている場合のような極端な例は今日ではみられない。しかし，言語生活がひどく貧しい家庭で育てられる乳幼児の言語発達が遅れている例はある。そのような例では，言語生活を始めとする生活全般が豊かな環境になっている幼稚園や保育園の中で生活することによって，言葉の遅れが改善することは多い。

6．話そうとしない

園で保育者の質問に答えないし何も話そうとしない子どもの中には，家庭では普通にまたはよく話すのに園では話そうとしないもの（場面緘黙）と，家庭でもほとんど話をせず園でも話さないというものとある。前者の場合は，発話す

る能力は育っていると考えられ，情緒的な問題の現われ方の一つである。園にいて安心できる関係や状況が得られない場合や，親子関係・家庭環境が不安定な場合などに現れることがある。クラスの状況が変わることによって消失する場合や，親子関係が安定してくるにつれて改善される場合もある。子ども自身の精神的発達や状況の変化によって形が変わっていく場合もある。

　園では，まず不安や恐れを解消するような受容的対応を心がける。保育者との情緒的交流の有無や園における友達とのやりとり，興味を示す遊び，他の子ども達の遊びへの参加の様子，身体的緊張の様子などをよく見ながら，本人が園生活を安心して楽しめるように援助する。保護者には，家庭が子どもにとって安心できる状況になるように，また子どもが園から帰って園生活をしつこく尋ねると子どもにとって園生活が息苦しいものになる場合があること，などを理解してもらうよう努める。いずれにしても，話そうとしない状態をその子どもの特性と固定的にとらえずに，友達とかかわることの楽しさを十分に体験したり，活動に集中する中で，自然に発話が現れるのを待つようにする。急がないこと，せかさないことが大切であるが，その状態が長く続くようであれば，相談機関に相談するのもよい。解決の糸口がみつかることもよくある。

　園ばかりでなく家庭でもほとんど話さない場合は，個性である場合もあるが，言葉の発達の遅れや精神発達の遅れの場合もある。遊びや生活全体の行動を見守って，子どもの発達の要求に応じた対応をしたい。

7．人の話が聞けない

　保育者がクラス全員に対して話している場合，その話をほとんど聞けない子どもがいる。幼稚園に入園した当初のころは，保育者が直接本人に話すときちんと聞いて理解できるのに，クラスの一員としては聞くことができないという子どもは少なくない。大勢の中で，落ち着いて耳を傾け，理解しようという心の動きになりにくいのである。そんな子どもも，クラスの子どもたちと活発に遊べるようになり，保育者への信頼感ができてくると，クラスの一員として保育者の話が聞けるようになる。

　いつまでも話が聞けない子どもの場合，園生活や家庭生活の中で心理的に不安定な状態にあることが考えられる。また，じっと座っていることができない

から聞くことができないという場合もある。自分から興味関心を持った事柄には長い時間集中することができても、他人から設定された事柄への集中時間は短いのが一般的である。自制心が未熟であるともいえるが、自らの欲求が強い子どもであるともいえよう。

保育所などの0歳児・1歳児クラスでは、クラス全体での話が聞けないということは無理もないことである。クラスの人数がごく少なければ、一緒に聞くことも比較的たやすい。

いずれにしても、子どもが表現して伝えたいという気持ちを、保育者が落ち着いてきちんと受け止めて理解することを続けていくことで、子どものなかに相手の話を聞こうという態度が育っていくものである。

8. 聞き分ける力がない

聞き分けがないといわれるのは、言われたことの内容の理解が遅いというものと、人からの説得によって自分の思いや行動を変えることをあまりしないというものとある。前者の場合、保育者は相手の子どもにとって理解しやすい表現を工夫することと、子どもが理解するまで待つことも大切である。難聴や知的障害の子どもに対しては、理解できるように表現する一層の工夫が保育者に求められる。

後者の場合は、子どもが自分の考えをしっかり持っているとか、強い心理的不安のために新しい状況を受け入れることが困難であるということもある。

逆に、一見聞き分けがよく見える場合、実は自分の考えが持てないとか自分の欲求を抑制して他人の意見に同調ばかりしている結果であることもある。聞き分けがよいといって喜んでばかりもいられない。

9. 言葉にあらわれた問題のある幼児の保育

言葉に問題のある子どもは、専門機関における診断や治療・教育が必要な場合も多いが、それと同時に、子どもとしての生活をしながら子ども時代に必要な経験をすることが人格形成にとって重要である。今では全国の幼稚園の4割以上、保育園の5割以上で何らかの障害児が生活している。

幼稚園や保育園、認定こども園という集団保育施設には次のような共通した

特性があり，それが障害の有無に関わらず，乳幼児にとって必要な体験の得られる場となっているのである。

　幼児も乳児も，共に活動する仲間を求めており，園には同年代の仲間が大勢いる。子どもたちは自己を発揮して一緒に生活する中で，葛藤を主体的に体験したり共同や共感も体験する。しかし，仲間を求める求め方や関わる能力は一人一人違う。そこに，一人一人に共感をもって見守る保育者がいて，子ども同士のかかわりが一方的にならずに，一人一人の違いがプラスに働いて，仲間同士が育ちあえるような専門的援助がなされる。また，乳幼児期に必要な自主的主体的活動の経験と全身やすべての感覚を使った直接体験ができるよう，柔軟で融通性のあるプログラムが計画される。加えて，園舎や園庭の内外の施設，設備，遊具などは子どもが安全で健康な生活ができ，個々の活動や互いのかかわりが積極的に起こりやすいように配慮されている。

　ところで，各種の障害や問題に対する直接の訓練や指導を幼稚園や保育園などですることは通常はない。園では子どもたち一人一人が，また集団として，充実した生活ができるように，先に述べた共通の特性の実践とその質の向上をはかる。子ども達がそこで，安定してのびのびと自分を発揮して生活することが，基本的な治療教育となるのであり，幼稚園や保育園などに期待されることである。

　いずれの言葉の問題にも共通することは，何らかの問題の症状が見られた場合に，それが真の障害であるのかどうかを軽率に判断せずに，判断は専門機関に委ねることである。その上で，専門機関と連携をとり，園ではあくまで保護者と協力して，一人の丸ごとの全体としての子どもを育てていく姿勢を忘れないことである。繰り返しになるが，基本はくつろいだ雰囲気の中で満足できる活動を通して，自然な発声や発語を促すことと，保育者が子どもの話をしっかりと最後まで聞くことを心がけ，発声や発語の際には必要以上に身体に力が入ったり緊張することがないよう，ゆったりと自然に話せるようは配慮することである。

　しかしながら，日常生活の配慮は子どもの障害や問題によって異なる点が多くある。ここでそれを詳細に述べるスペースはないが，それぞれについてはその子どものクラスの担任はもちろんのこと，園内のすべての職員が把握してお

くことが必要である。特に非常の際の安全確保について全職員が共通認識を持っていることは欠かせない。

　何がどこまでできて，何ができないのか，とくに言葉による指示がどのくらい理解できるのか，コミュニケーション手段としてどのような方法を使っているのかなど，その子どもの特徴を把握しておくことは必要である。日常生活で必要な介助も把握しておく必要があるが，動作や手術痕その他に対する保育者の心ない言葉や態度で本人を傷つけることのないように心したいものである。また，何か子どもが得意になってやれ，本人が自信を持ち，他の子どもにも認められる場面を作る工夫もよい。加えて，子どものよいところを認めて保護者にも伝え，子どもの育ちを共に喜び合いたいものである。

第 2 部

保育内容としての「言葉」

第3章

領域「言葉」のねらいと内容

I 子どもにとって言葉とは

1．言葉以前の言葉

　生後すぐには泣き声が多い新生児も，生後2〜3カ月ごろから泣き声以外の声を出すようになる。「あー」や「うー」など言葉ではないが泣き声とも異なる優しい声のため，鳩の鳴き声「クー（Coo）」に似ているということでクーイングと呼ばれている。

　このクーイングは，口や喉の発達によって偶然に出た音であり，乳児がそれに驚き，不思議に思い，試そうとして，その音を出すこと自体を楽しんでいる状態で繰り返されるもので，ご機嫌なときに活発に出されるものである。意図的に出される声ではないが，乳児のクーイングに大人が気づき同じように応えることの繰り返しが，乳児のコミュニケーション能力を高めることにつながると考えられている。

2．クーイングから喃語へ

　乳児の発達には個人差があるのは言うまでもないが，概ね4カ月ごろになると「ダァダァ」「パプパプ」と言うような2文字以上の言葉を発するようになる。クーイングのように自分で出した音を楽しむのではなく，意味を持たない言葉

であるが，あきらかに何かを伝えようとして出すことが多くなる。周囲の大人がその状況を察して「ママとお話ししたいのね」「そう！　お腹いっぱいになったのね」「眠いのかな？　トントンしてあげようか？」など言葉を返しているうちに，乳児自身も「〜してほしい」などの要求が伝わることに気付いていく。つまり喃語は乳幼児の感情表現の一つであり，喃語であっても様々な要求や意思を伝えようとしていることを周囲の大人が受け止める努力をすることで，乳児は「喃語がコミュニケーションの手段となることを理解する」ようになるのである。

3．喃語から初語へ

10カ月前後から「マンマ」「〜ね」など意味が分かる言葉を発するようになり，喃語は次第に減少していく。乳幼児の言語発達や語彙獲得状態は個人差が大きく，その一因に喃語期やそれ以降の乳幼児への大人の対応の仕方が挙げられる。言葉は人と人をつなぐコミュニケーションの手段として，また，様々な事柄を認識していく上で，あるいは人間の感情をコントロールする機能として大事なものであり（第1章：言葉の機能参），「何を言っているか分からない」からと聞き流すのではなく，「何を言いたいのか」「どうしてほしいのか」など相手の気持ちをくみ取り，具体的な言葉に置き換えて返すことが大切である。喃語で様々な要求や意思を伝えようとしていることを受け止め，乳児が聞き取りやすいように，「ゆっくり」「はっきり」「短く」「繰り返し」応えていくことが，初語やその後の言語発達を促す上で必要である。

　子どもの言葉は，あるとき急に出るようになるのではない。クーイング時代，喃語期に周囲の人々とどのように関わり，どのような刺激を受けてきたかが影響してくる。したがってこの≪領域「言葉」のねらいと内容≫の章では，乳幼児が生活する保育現場で，「言葉」のねらいと内容をどのように考えるべきか理解できるようにしたい。することが目的である。

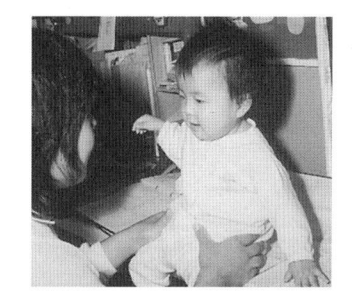

II 幼稚園・保育所・認定こども園の特徴と領域「言葉」

　就学前の子どもの教育・保育施設には，以下のような種類がある。
　保育のねらいと内容は，幼稚園，保育所，認定こども園それぞれの場により，また生活する乳幼児の年齢によって異なるが，「幼児期に育みたい資質・能力」「幼児期の終わりまでに育ってほしい姿」は，全ての子どもに共通するものであることから，今回の改訂（定）では同じものとして示し整合性を図っている（表では，「教育・保育の内容の基準法」の視点から，幼保連携型認定こども園を掲出している）。

教育・保育施設	幼稚園	保育所	幼保連携型認定こども園
種別 （所轄する省庁）	学校教育法に基づく学校の一つ（文部科学省）	児童福祉法に基づく児童福祉施設（厚生労働省）	幼稚園・保育所の機能を併せ持つ（内閣府，文部科学省，厚生労働省）
対象年齢	満3歳から，小学校就学の始期に達するまで	0歳児から就学まで	0歳児から就学まで
目的	義務教育及びその後の教育の基礎を培うものとして，幼児を保育し，幼児の健やかな成長のために適当な環境を与えて，その心身の発達を助長する （学校教育法）	保育を必要とする子どもの保育を行い，その健全な心身の発達を図る （児童福祉法）	義務教育及びその後の教育の基礎を培うものとしての満3歳以上の子どもに対する教育並びに保育を必要とする子どもに対する保育を一体的に行い，これらの子どもの健やかな成長が図られるよう適当な環境を与えて，その心身の発達を助長するとともに，保護者に対する子育ての支援を行う （就学前の子どもに関する教育・保育等の総合的な提供の推進に関する法律）

教育・保育施設	幼稚園	保育所	幼保連携型認定こども園
教育・保育の基本・特性	幼児期の特性を踏まえ，環境を通して行う (幼稚園教育要領)	保育に関する専門性を有する職員が，家庭との密接な連携の下に，子どもの状況や発達過程を踏まえ，保育所における環境を通して，養護及び教育を一体的に行う (保育所保育指針)	教育及び保育を，乳幼児期全体を通して，その特性及び保護者や地域の実態を踏まえ，環境を通して行う (幼保連携型認定子ども園教育・保育要領)
教育・保育の内容の基準法	幼稚園教育要領	保育所保育指針	幼保連携型認定こども園教育・保育要領
ねらい及び内容	／	乳児保育に関わるねらい及び内容 「基本的事項」と身体的発達，社会的発達，精神的発達に関する三つの視点	乳児期の園児の保育に関するねらい及び内容 「基本的事項」と身体的発達，社会的発達，精神的発達に関する三つの視点
	／	1歳以上3歳未満児の保育に関わるねらい及び内容 「基本的事項」および5領域(健康，人間関係，環境，言葉，表現)	満1歳以上満3歳未満の園児の保育に関するねらい及び内容 「基本的事項」および5領域(健康，人間関係，環境，言葉，表現)
	ねらい及び内容 5領域(健康，人間関係，環境，言葉，表現)	3歳以上児の保育に関するねらい及び内容 「基本的事項」と5領域(健康，人間関係，環境，言葉，表現)	満3歳以上の園児の教育及び保育に関するねらい及び内容 「基本的事項」と5領域(健康，人間関係，環境，言葉，表現)

教育・保育施設	幼稚園	保育所	幼保連携型認定こども園
育みたい 資質・能力	・知識及び技能の基礎 ・思考力，判断力，表現力等の基礎 ・学びに向かう力，人間性等		
幼児期の 終わりまでに 育ってほしい姿	(1) 健康な心と体 (2) 自立心 (3) 協同性 (4) 道徳性・規範意識の芽生え (5) 社会生活との関わり (6) 思考力の芽生え (7) 自然との関わり・生命尊重 (8) 数量や図形，標識や文字などへの関心・感覚 (9) 言葉による伝え合い (10) 豊かな感性と表現		

Ⅲ　幼稚園教育要領

　幼稚園は，学校教育法（昭和22年制定）の平成18年の改訂で，の第1条に「この法律で学校とは，幼稚園，小学校，中学校，高等学校，中等教育学校，特別支援学校，大学及び高等専門学校とする」と学校種の最初に規定されたように，学校の一つとして位置づけられている。

　それに伴い幼稚園教育の目的・目標も，学校教育法に示されている。

> 第22条（目的）　幼稚園は，義務教育及びその後の教育の基礎を培うものとして，幼児を保育し，幼児の健やかな成長のために適当な環境を与えて，その心身の発達を助長することを目的とする。
>
> 第23条（目標）　幼稚園における教育は，前条に規定する目的を実現するため，次に掲げる目標を達成するよう行われるものとする。
> 　一　健康，安全で幸福な生活のために必要な基本的な習慣を養い，身体諸機能の調和的発達を図ること。

> 二　集団生活を通じて，喜んでこれに参加する態度を養うとともに家族や身近な人への信頼感を深め，自主，自律及び協同の精神並びに規範意識の芽生えを養うこと。
> 三　身近な社会生活，生命及び自然に対する興味を養い，それらに対する正しい理解と態度及び思考力の芽生えを養うこと。
> 四　日常の会話や，絵本，童話等に親しむことを通じて，言葉の使い方を正しく導くとともに，相手の話を理解しようとする態度を養うこと。
> 五　音楽，身体による表現，造形等に親しむことを通じて，豊かな感性と表現力の芽生えを養うこと。

　また，学校教育法施行規則（昭和22年制定，平成20年改定）第38条に「幼稚園の教育課程その他の保育内容については，この章に定めるもののほか，教育課程その他の保育内容の基準として文部科学大臣が別に公示する幼稚園教育要領によるものとする」と規定されており，教育課程を編成するときや実際に保育を展開するときの基準となるものが幼稚園教育要領であることを示している。

　最初の幼稚園教育要領は，昭和23年に「保育要領」として文部省から刊行されたが，昭和28年に学校教育法が改正され，昭和31年には幼稚園教育を対象とした「幼稚園教育要領」が刊行された。しかし，社会の進歩，情勢の変化は著しく，昭和39年に改訂「幼稚園教育要領」が告示された。その後も家族形態の変化，女性の社会進出，少子化，都市化など子どもを取り巻く生活環境の変

制定年	保育内容の領域の区分
昭和31年	健康，社会，自然，言語，音楽リズム，絵画製作
昭和39年	健康，社会，自然，言語，音楽リズム，絵画製作
平成元年	健康，人間関係，環境，言葉，表現
平成10年	健康，人間関係，環境，言葉，表現
平成20年	健康，人間関係，環境，言葉，表現
平成29年	健康，人間関係，環境，言葉，表現

化は大きく，それに伴い幼稚園での子どもの生活内容も検討され，「幼稚園教育要領」は保育内容の領域の区分を含め改訂が繰り返された。

前回(平成20年)の改訂では，①発達や学びの連続性を踏まえた幼稚園教育の充実，②幼稚園生活と家庭生活の連続性を踏まえた幼児期の教育の充実，③子育て支援と預かり保育の充実，が改訂の要点とされた。

今回(平成29年)の幼稚園教育要領の改訂は，中央教育審議会答申を踏まえ，次の基本方針に基づき行われたものである。

1．幼稚園教育において育みたい資質・能力の明確化

幼稚園教育で育みたい資質・能力として，「知識及び技能の基礎」「思考力・判断力・表現力の基礎」「学びに向かう力，人間性等」を示し，これらの資質・能力は，幼稚園での子どもの活動全体を通して育まれることを示した。

2．小学校教育との円滑な接続

「幼児期までに育ってほしい姿」を明確にし，幼稚園教育と小学校教育との円滑な接続を図るようにした。なお，「幼児期までに育ってほしい姿」は以下の10項目である。

---

(1)健康な心と体　(2)自立心　(3)協同性　(4)道徳性・規範意識の芽生え
(5)社会生活との関わり　(6)思考力の芽生え　(7)自然との関わり・生命尊重
(8)数量・図形，標識や文字などへの関心・感覚
(9)言葉による伝え合い　(10)豊かな感性と表現

3．現代的な諸課題を踏まえた教育内容の見直し

今回改訂の「幼稚園教育要領」は，以下に示す前文と3章から成り立っている。

前文
第1章　総則

第1　幼稚園教育の基本
　　第2　幼稚園教育において育みたい資質・能力及び「幼児期の終わりまでに育ってほしい姿」
　　第3　教育課程の役割と編成等
　　第4　指導計画の作成と幼児理解に基づいた評価
　　第5　特別な配慮を必要とする幼児への指導
　　第6　幼稚園運営上の留意事項
　　第7　教育課程に係る教育時間終了後等に行う活動など
第2章　ねらい及び内容
　健康
　人間関係
　環境
　言葉
　表現
第3章　教育課程に係る教育時間の終了後等に行う教育活動などの留意事項

「第1章　第1　幼稚園教育の基本」では，

　幼児期の教育は，生涯にわたる人間形成の基礎を培う重要なものであり，幼稚園教育は，学校教育法に規定する目的及び目標を達成するため，幼児期の特性を踏まえ，環境を通して行うものであることを基本とする。
　このため教師は，幼児との信頼関係を十分に築き，幼児が身近な環境に主体的に関わり，環境との関わり方や意味に気付き，これらを取り込もうとして，試行錯誤したり，考えたりするようになる幼児期の教育における見方・考え方を生かし，幼児と共によりよい教育環境を創造するように努めるものとする。これらを踏まえ，次に示す事項を重視して教育を行わなければならない。

とした上で，教師は幼児との信頼関係を十分に築きながら，

> 1　幼児は安定した情緒の下で自己を十分に発揮することにより発達に必要な体験を得ていくものであることを考慮して，幼児の主体的な活動を促し，幼児期にふさわしい生活が展開されるようにすること。
> 2　幼児の自発的な活動としての遊びは，心身の調和のとれた発達の基礎を培う重要な学習であることを考慮して，遊びを通しての指導を中心として第2章に示すねらいが総合的に達成されるようにすること。
> 3　幼児の発達は，心身の諸側面が相互に関連し合い，多様な経過をたどって成し遂げられていくものであること，また，幼児の生活経験がそれぞれ異なることなどを考慮して，幼児一人一人の特性に応じ，発達の課題に即した指導を行うようにすること。

としている。

　また，その際に教師は「幼児の主体的な活動が確保されるよう，計画的に環境を構成しなければならない」「幼児一人一人の活動の場面に応じて，様々な役割を果たし，その活動を豊かにしなければならない」と教師の役割について明記している。

　「第1章　第2　幼稚園教育において育みたい資質・能力及び『幼児期の終わりまでに育ってほしい姿』」は，今回の改訂で新たに設けられた項目である。ここでは，生きる力の基礎を育む資質・能力として3項目，幼児期の終わりまでに育ってほしい姿として10項目を掲げている。

> 1　幼稚園においては，生きる力の基礎を育むため，この章の第1に示す幼稚園教育の基本を踏まえ，次に掲げる資質・能力を一体的に育むように努めるものとする。
>   (1)　豊かな体験を通じて，感じたり，気付いたり，分かったり，できるようになったりする「知識及び技能の基礎」
>   (2)　気付いたことや，できるようになったことなどを使い，考えたり，試したり，工夫したり，表現したりする「思考力，判断力，表現力等の基礎」

(3) 心情，意欲，態度が育つ中で，よりよい生活を営もうとする「学びに向かう力，人間性等」
2　1に示す資質・能力は，第2章に示すねらい及び内容に基づく活動全体によって育むものである。
3　次に示す「幼児期の終わりまでに育ってほしい姿」は，第2章に示すねらい及び内容に基づく活動全体を通して資質・能力が育まれている幼児の幼稚園修了時の具体的な姿であり，教師が指導する際に考慮するものである。
(1) 健康な心と体
　　幼稚園生活の中で，充実感をもって自分のやりたいことに向かって心と体を十分に働かせ，見通しをもって行動し，自ら健康で安全な生活をつくり出すようになる。
(2) 自立心
　　身近な環境に主体的に関わり様々な活動を楽しむ中で，しなければならないことを自覚し，自分の力で行うために考えたり，工夫したりしながら，諦めずにやり遂げることで達成感を味わい，自信をもって行動するようになる。
(3) 協同性
　　友達と関わる中で，互いの思いや考えなどを共有し，共通の目的の実現に向けて，考えたり，工夫したり，協力したり，充実感をもってやり遂げるようになる。
(4) 道徳性・規範意識の芽生え
　　友達と様々な体験を重ねる中で，してよいことや悪いことが分かり，自分の行動を振り返ったり，友達の気持ちに共感したりし，相手の立場に立って行動するようになる。また，きまりを守る必要性が分かり，自分の気持ちを調整し，友達と折り合いを付けながら，きまりをつくったり，守ったりするようになる。
(5) 社会生活との関わり
　　家族を大切にしようとする気持ちをもつとともに，地域の身近な人と触れ合う中で，人との様々な関わり方に気付き，相手の気持ちを考

えて関わり，自分が役に立つ喜びを感じ，地域に親しみをもつようになる。また，幼稚園内外の様々な環境に関わる中で，遊びや生活に必要な情報を取り入れ，情報に基づき判断したり，情報を伝え合ったり，活用したりするなど，情報を役立てながら活動するようになるとともに，公共の施設を大切に利用するなどして，社会とのつながりなどを意識するようになる。

(6) 思考力の芽生え

身近な事象に積極的に関わる中で，物の性質や仕組みなどを感じ取ったり，気付いたりし，考えたり，予想したり，工夫したりするなど，多様な関わりを楽しむようになる。また，友達の様々な考えに触れる中で，自分と異なる考えがあることに気付き，自ら判断したり，考え直したりするなど，新しい考えを生み出す喜びを味わいながら，自分の考えをよりよいものにするようになる。

(7) 自然との関わり・生命尊重

自然に触れて感動する体験を通して，自然の変化などを感じ取り，好奇心や探究心をもって考え言葉などで表現しながら，身近な事象への関心が高まるとともに，自然への愛情や畏敬の念をもつようになる。また，身近な動植物に心を動かされる中で，生命の不思議さや尊さに気付き，身近な動植物への接し方を考え，命あるものとしていたわり，大切にする気持ちをもって関わるようになる。

(8) 数量や図形，標識や文字などへの関心・感覚

遊びや生活の中で，数量や図形，標識や文字などに親しむ体験を重ねたり，標識や文字の役割に気付いたりし，自らの必要感に基づきこれらを活用し，興味や関心，感覚をもつようになる。

(9) 言葉による伝え合い

先生や友達と心を通わせる中で，絵本や物語などに親しみながら，豊かな言葉や表現を身に付け，経験したことや考えたことなどを言葉で伝えたり，相手の話を注意して聞いたりし，言葉による伝え合いを楽しむようになる。

(10) 豊かな感性と表現

心を動かす出来事などに触れ感性を働かせる中で，様々な素材の特徴や表現の仕方などに気付き，感じたことや考えたことを自分で表現したり，友達同士で表現する過程を楽しんだりし，表現する喜びを味わい，意欲をもつようになる。

第2章には「ねらい及び内容」が示されている。

第2章　ねらい及び内容

　この章に示すねらいは，幼稚園教育において育みたい資質・能力を幼児の生活する姿から捉えたものであり，内容は，ねらいを達成するために指導する事項である。各領域は，これらを幼児の発達の側面から，心身の健康に関する領域「健康」，人との関わりに関する領域「人間関係」，身近な環境との関わりに関する領域「環境」，言葉の獲得に関する領域「言葉」及び感性と表現に関する領域「表現」としてまとめ，示したものである。内容の取扱いは，幼児の発達を踏まえた指導を行うに当たって留意すべき事項である。
（中略）
　また，「幼児期の終わりまでに育ってほしい姿」が，ねらい及び内容に基づく活動全体を通して資質・能力が育まれている幼児の幼稚園修了時の具体的な姿であることを踏まえ，指導を行う際に考慮するものとする。
（後略）

各領域に関しては，「1 ねらい」「2　内容」「3　内容の取扱い」の視点から示している。

言葉
　経験したことや考えたことなどを自分なりの言葉で表現し，相手の話す言葉を聞こうとする意欲や態度を育て，言葉に対する感覚や言葉で表現する力を養う。

生活の中の言葉

言葉は，個々人の感情表現の上で，また思考を進める過程で培われ育まれるものである。また，人間社会で生活していく上で必要なコミュニケーション能力の基礎である相手の話を聞こうとする態度を育てること，さらには心地よい言葉・不快感を伴う言葉など，言葉が精神文化と関わるものであることを理解しながら自分の内面を表現できるような資質・能力を養うことを示している。

1　ねらい
(1)　自分の気持ちを言葉で表現する楽しさを味わう。
(2)　人の言葉や話などををよく聞き，自分の経験したことや考えたことを話し，伝え合う喜びを味わう。
(3)　日常生活に必要な言葉が分かるようになるとともに，絵本や物語に親しみ，言葉に対する感覚を豊かにし，先生や友達と心を通わせる。

　ねらいは，前述のように「幼稚園教育において育みたい資質・能力を幼児の生活する姿から捉えたもの」である。
　言葉は身近な人との関わりを通して次第に獲得されていくものである。楽しかったことや不思議に思ったことなどを，自分なりの言葉（自分で表現できる言葉で）で表現したときに，周囲の人にその言葉を受けとめて応えてもらうと，自分の言葉に自信が持て，さらに言葉で伝えようと意欲をもち積極的に話すようになる。
　また，自分の言葉を受け止めてもらう経験の中で，相手の話す言葉にも興味をもつようになり，互いに伝え合う喜びを味わうようにもなる。
　さらに，友達と一緒に生活する中で「貸して」「ありがとう」「遊ぼう」など必要な言葉を理解し使えるようになるとともに，絵本や物語の中で未知の世界

や想像上の世界との出会いを通して，新しい言葉を獲得し様々な使い方を理解するようになる。その経験が言葉に対する感覚を養い，状況に応じた適切な表現力の獲得につながることをねらいとして示している。

2　内容
(1)　先生や友達の言葉や話に興味や関心をもち，親しみをもって聞いたり，話したりする。
(2)　したり，見たり，聞いたり，感じたり，考えたりなどしたことを自分なりに言葉で表現する。
(3)　したいこと，してほしいことを言葉で表現したり，分からないことを尋ねたりする。
(4)　人の話を注意して聞き，相手に分かるように話す。
(5)　生活の中で必要な言葉が分かり，使う。
(6)　親しみをもって日常の挨拶をする。
(7)　生活の中で言葉の楽しさや美しさに気付く。
(8)　いろいろな体験を通じてイメージや言葉を豊かにする。
(9)　絵本や物語などに親しみ，興味をもって聞き，想像をする楽しさを味わう。
(10)　日常生活の中で，文字などで伝える楽しさを味わう。

　この内容の10項目は，ねらいを達成するために指導する事項である。
　(1)の他の人の言葉に興味や関心を示したり，親しみをもって聞こうとする前提となるのは，幼児が安定している・不安をもっていないということである。言葉の指導で大事なことは，幼児が安心して話せるような雰囲気作りであろう。
　(2)の自分なりの言葉での表現は，周囲の人にその表現を受け止めてもらうことで意欲的になる。しかし，幼児の年齢や場合に応じて，子どもなりの表現を肯定した上で正しい言葉に置き換え表現することも必要と言える（この際，子どもの表現を一旦受け止めてから，適切な言葉に言い換えるなどの配慮が大切であろう）。
　(7)について，子どもの言葉は，大人の言葉の影響を受けやすい。「すげー」「う

めー」などテレビや若者が使う言葉を好んで使いたがる傾向が見られる。いけないと禁止するのではなく，正しい表現・言葉，心地よい言葉で表現できることに気付くような指導が必要である。

(9)について，幼児の世界を広げる教材として絵本や物語は最適である。絵本のように「絵を楽しみながら内容を理解する」経験から，物語のように「耳で聞きながら言葉の内容を理解できるようになる」経験は，幼児期の心的発達にとって大事なことである。

(10)について，子どもを取り巻く環境に文字は多く，子どもが駅や電車の中で「駅名」を読もうとしていたり，テレビ欄の中から自分で観たい番組を探し出したりする様子を見かけるであろう。文字に興味があれば，自分の周りの文字に気付き，読むようにも書けるようにもなる。

文字指導として教え込むのではなく，絵本や紙芝居のときにタイトルを指しながら読んだり，誕生表・連絡帳・名札など文字環境を増やしたりすることで，興味をひきだすようにしたい。

---

3 内容の取扱い

上記の取扱いに当たっては，次の事項に留意する必要がある。

(1) 言葉は，身近な人に親しみをもって接し，自分の感情や意志などを伝え，それに相手が応答し，その言葉を聞くことを通して次第に獲得されていくものであることを考慮して，幼児が教師や他の幼児と関わることにより心を動かされるような体験をし，言葉を交わす喜びを味わえるようにすること。

(2) 幼児が自分の思いを言葉で伝えるとともに，教師や他の幼児などの話を興味をもって注意して聞くことを通して次第に話を理解するようになっていき，言葉による伝え合いができるようにすること。

(3) 絵本や物語などで，その内容と自分の経験とを結び付けたり，想像を巡らせたりするなど，楽しみを十分に味わうことによって，次第に豊かなイメージをもち，言葉に対する感覚が養われるようにすること。

(4) 幼児が生活の中で，言葉の響きやリズム，新しい言葉や表現などに触れ，これらを使う楽しさを味わえるようにすること。その際，絵本

や物語に親しんだり，言葉遊びなどをしたりすることを通して，言葉が豊かになるようにすること。
(5) 幼児が日常生活の中で，文字などを使いながら思ったことや考えたことを伝える喜びや楽しさを味わい，文字に対する興味や関心をもつようにすること。

(1)の幼児期の言葉の発達は個人差が非常に大きいものである。話したいことがたくさんあっても，うまく表現できない幼児もいれば，先生には話せても友達には話せない幼児も見られる。言葉は教師や友達との温かい人間関係を基盤にしながら獲得されていくことを理解し，安心して話が出来るよう援助することが大切である。

また，表現の仕方も自分本位なところがあるゆえ，言葉の発達や人との関わりを理解しながら，保育者自身が正しく分かりやすい表現，美しい言葉を用いた表現を心がけることで，言葉を交わす喜びや豊かな表現などを伝えるモデルとしての役割を果たしたいものである。

(2)について，幼児は相手に自分の思いが伝わり，その思いが共感出来ることで喜びを感じる一方で，自分の言葉が相手に伝わらないと，自信をなくして表現しようとしなくなる場合もある。

うまく伝えられない場合は，状況に応じて教師が中立ちして，幼児の背景にある思いを聞きとったり，言葉を補ったりすることで話が伝わるような援助が必要である。

(3)の絵本や物語は，幼児に未知の世界に誘ってくれる大切な教材である。幼児は絵本や物語の世界で繰り広げられる様々な出来事に自分の体験を重ねたり，自分の知らない世界を想像したりしながらイメージを広げ，知識を獲得していく。従って，年齢にふさわしい題材の選択，適切な言葉で表現されている題材の選択が必要である。

(4)について，幼児期は言葉を獲得する時期であり，絵本や物語を通して新しい言葉や美しい言葉，豊かな表現を身につけていく。昔話（語り継がれている話）には，美しい言葉や韻を踏んだ表現も多く幼児にも受け入れられやすい。また，幼児期はしりとりや仲間集め（4本足のもの，空を飛ぶもの，など）など，

言葉を使った遊びを楽しむ経験も有効である。

　(5)について，4〜5歳児になると遊びと密着した形で文字の意味や役割が認識されてくる。宇宙基地に見なした一角に×印が書いてあったり，「はいるな」と書いてあったりなどする。文字を遊具のように見立て使用する時期をうまく捉え，文字を通して意味が伝わっていく面白さや楽しさを感じられるよう工夫したいものである。

Ⅳ　保育所保育指針

　1947 (昭和22) 年,「児童福祉法」が制定され，保育所は児童福祉施設の一つとして位置づけられた。そして，保育の内容は，翌1948 (昭和23) 年，厚生省より公布された「児童福祉施設最低基準」で「保育所における保育内容は，養護及び教育を一体的に行うことをその特性とし，その内容については，厚生労働大臣が，これを定める。」と明記された。

　その後，児童福祉施設最低基準は2011 (平成23) 年に改正され，児童福祉施設の設備及び運営に関する基準となっている。

　一方，保育の現場では「保育所には幼稚園と異なる独自の性格がある」ことが考慮されるようになり，1965 (昭和40) 年に，厚生省児童家庭局長通知として，保育内容の向上のための参考・手引きとして，「保育所保育指針」が出された。

　この「保育所保育指針」では「養護と教育が一体となって豊かな人間性をもった子どもを育成する」ことを「保育所における保育の基本的性格」とし，保育の内容は「望ましいおもな活動」として年齢ごとに捉え，「4歳以上では，幼稚園教育要領の六領域におおむね合致するように」してある。これは，1963 (昭和38) 年に文部省と厚生省の両局長の申し合わせた「保育所のもつ機能のうち教育に関するものは幼稚園教育要領に準ずることが望ましい」に従ったものであろう。

　その後「保育所保育指針」は，幼稚園教育要領の改訂を受け，1年後に見直しが続けられている。

① 1990（平成2）年

平成に入ると，女性の社会進出は加速化し，それに連れて乳児保育の要求，保育時間の延長，幼稚園教育との整合性などが問題となり，以下の理由により改訂された。
・保育所保育の特性である"養護"と"教育"の内容を明確にすること。
・乳児保育の充実を図るため，6か月未満児を位置づけること。
・領域の概念をとらえなおすこと。（幼稚園教育要領と同様，6領域から5領域に変更）

② 1999（平成11）年

女性の就労が当然と考えられるようになり，共働きの家庭が増え，就労形態も多様化するなどに伴い，保育ニーズは複雑化してきた。また，少子化が進み，遊び仲間の減少・遊び場の減少など，子どもを取り巻く環境も激変を続けていた。

また，児童福祉法が一部改正され，「保育所の選択が利用者の意向で出来るようになったこと」や，「育児不安に悩む母親の子育て相談や指導にあたることが求められるようになったこと」，児童の権利条約を批准したことで問われる「保育士の姿勢」など，保育士への要求が多岐にわたるため，新たに13章に「保育所における子育て支援及び職員の研修など」を設け，保育士の研修の必要性が強調されている。

この改訂の，基本的な考え方としては以下の3点挙げられる。
・前回の「保育所保育指針」を基本としながら，新たな保育情勢を考慮する。
・子育て支援のあり方を明確にする。
・3歳以上児の保育内容に関して，幼稚園教育との整合性を考慮する。

③ 2008（平成20）年

これまで「保育所保育指針」は厚生省局長からの「通知」であって，法的拘束力は有していなかった。しかし今回の改定により，厚生大臣による「告示」となり，拘束力を持つ規範性がより強いものとして位置づけられるようになっ

	養護	教育
ねらい	安定した生活を送り,充実した活動ができるように,保育士等が行わなければならない事項	子どもが身につけることが望まれる心情,意欲,態度
内容	子どもの生活やその状況に応じて保育士等が適切に行う事項	保育士が援助して子どもが環境にかかわって経験する事項
	生命の保持と情緒の安定	5領域：健康,人間関係,環境,言葉,表現

無藤 隆・民秋 言 著『Noccoセレクト vol.2 ここが変わった！NEW幼稚園教育要領,保育所保育指針ガイドブック』フレーベル館　2008年　p.91

た。

　1965（昭和40）年に「保育所保育指針」が手引きとして通知されて以来,3度にわたって繰り返された改定は,都市化が進み核家族・少子化が進む中で,人間関係が希薄になり育児不安に悩む母親の増加など,子どもや親を取り巻く社会環境の激変に対応しようと考慮してのことであり,2001（平成13）年に保育士資格が法定化されたこと等も改定の理由として考えられる。

　また,保育所の特性は「養護と教育が一体となって保育が展開されること」であり,「ねらい」にも「内容」にも養護的側面と教育的側面の要素が含まれることが明記された。

④　2017（平成29）年

　昨今は,0～2歳児を中心とした保育所利用児童数が大幅に増加している現状であること（参：1・2歳児保育所利用率　平成20年27.6％→平成27年38.1％＜保育をめぐる現状：保育所等待機児童数及び保育所等利用率の推移　厚生労働省　2017＞）,さらに,子どもが地域の中で一緒に遊ぶという経験が少なくなっていること,子育て世帯における子育ての負担や孤立感の高まり,児童虐待の相談件数の増加（参：平成20年42,664件→平成27年103,260件＜平成27年度　児童相談所での児童虐待相談対応件数（速報値）　厚生労働省　2016＞）などが問題視されている。

　以上のことを背景に「保育所が果たす社会的な役割」を重視し,以下のよう

に改定のポイントを示している。

> ○「乳児保育，3歳未満児保育」の充実
> ○保育所における幼児教育の積極的な位置づけ
> ○子どもの育ちをめぐる環境の変化を踏まえた健康及び安全の記載の見直し
> ○保護者・家庭及び地域と連携した子育て支援の必要性

改定「保育所保育指針」は5章から成り立っている。

> 第1章　総則
> 　1　保育所保育に関する基本原則
> 　2　養護に関する基本的事項
> 　3　保育の計画及び評価
> 　4　幼児教育を行う施設として共有すべき事項
> 第2章　保育の内容
> 　1　乳児保育に関わるねらい及び内容
> 　2　1歳以上3歳未満児の保育に関わるねらい及び内容
> 　3　3歳以上児の保育に関するねらい及び内容
> 　4　保育の実施に関して留意すべき事項
> 第3章　健康及び安全
> 　1　子どもの健康支援
> 　2　食育の増進
> 　3　環境及び衛生管理並びに安全管理
> 　4　災害への備え
> 第4章　子育て支援
> 　1　保育所における子育て支援に関する基本的事項
> 　2　保育所を利用している保護者に対する子育て支援
> 　3　地域の保護者等に対する子育て支援
> 第5章　職員の資質向上

> 1　職員の資質向上に関する基本的事項
> 2　施設長の責務
> 3　職員の研修等
> 4　研修の実施体制等

　今回の改定では，第1章　総則　4「幼児教育を行う施設として共有すべき事項」の中で，「育みたい資質・能力」として知識及び技能の基礎，思考力，判断力，表現力の基礎，学びに向かう力，人間性等の3視点を挙げ，さらに「幼児期の終わりまでに育ってほしい姿」を10項目挙げている（これらは，幼稚園教育要領に示されている内容と同じものであるため，詳細は省略する）。
　「言葉」に関する記載は，第1章　総則　1．保育所保育に関する基本原則の(2)保育の目標　ア(オ)に「生活の中で，言葉への興味や関心を育て，話したり，聞いたり，相手の話を理解しようとするなど，言葉の豊かさを養うこと」と見られる。
　また，保育の内容に関しては，第2章　保育の内容の中で，

> 　この章で示す「ねらい」は，第1章の1の(2)に示された保育の目標をより具体化したものであり，子どもが保育所において，安定した生活を送り，充実した活動ができるように，保育を通じて育みたい資質・能力を，子どもの生活する姿から捉えたものである。また，「内容」は，「ねらい」を達成するために，子どもの生活やその状況に応じて保育士等が適切に行う事項と，保育士等が援助して子どもが環境に関わって経験する事項を示したものである。
> 　保育における「養護」とは，子どもの生命の保持及び情緒の安定を図るために保育士等が行う援助や関わりであり，「教育」とは，子どもが健やかに成長し，その活動がより豊かに展開されるための発達の援助である。本章では，保育士等が「ねらい」及び「内容」を具体的に把握するため，主に教育に関わる側面から視点を示しているが，実際の保育においては，養護と教育が一体となって展開されることに留意する必要がある。

と示している。
　また，第2章　保育の内容の中で，

> ○乳児保育(0歳児)，1歳以上3歳未満児，3歳以上児，と年齢を区分して「ねらい」及び「内容」の記述を丁寧にしたこと
> ○乳児保育に関しては，「ねらい」と「内容」を，乳児の発達特徴から「身体的発達」「精神的発達」「社会的発達」の3つの視点から示したこと
> ○「内容」の後に「内容の取扱い」という項目を入れ，実際の保育の具体的・実践的な指針としていること

が注目される。
　第2章　保育の内容で示された「ねらい」及び「内容」をまとめると以下のようになる（一部要約。各年齢ごとの基本的事項とは，発達的な特徴と関わり方のポイントでもある）。

	乳児保育（0歳児）	1歳以上3歳未満児	3歳以上児
基本的事項	・運動機能が発達する。 ・応答的関わりを通し，情緒的な絆が形成される。 ↓ 愛情豊かに，応答的に保育を行うことが必要。 ・「身体発達」「社会的発達」「精神的発達」に関する視点から「ねらい」「内容」を示す。	・基本的な運動機能，身体的機能，指先の機能が発達する。 ・語彙が増加し，自分の意思や欲求を言葉で表出できるようになる。 ↓ 自分でしようとする気持ちを尊重し，応答的に関わることが必要。	・基本的な生活習慣がほぼ自立する。 ・理解する語彙数が急激に増加する。 ・知的興味や関心の高まり。 ・集団的な遊びや協同的な活動。 ↓ 個の成長と集団としての活動の充実を図る保育。
ねらい	ア　健やかに伸び伸びと育つ：健康な心と体を育て，自ら健康で安全な生活をつくり出す力の基盤	領域：言葉 　経験したことや考えたことなどを自分なりの言葉で表現し，相手	領域：言葉 　経験したことや考えたことなどを自分なりの言葉で表現し，相手

	乳児保育（0歳児）	1歳以上3歳未満児	3歳以上児
ねらい	を培う。 ①身体感覚が育ち，快適な環境に心地よさを感じる。 ②伸び伸びと体を動かし，はう，歩くなどの運動をしようとする。 ③食事，睡眠等の生活のリズムの感覚が芽生える。 イ　身近な人と気持ちが通じ合う：受容的・応答的な関わりの下で，何かを伝えようとする意欲や身近な大人との信頼関係を育て，人と関わる力の基盤を培う。 ①安心できる関係の下で，身近な人と共に過ごす喜びを感じる。 ②体の動きや表情，発声等により，保育士等と気持ちを通わせようとする。 ③身近な人と親しみ，関わりを深め，愛情や信頼感が芽生える。 ウ　身近なものと関わり感性が育つ：身近な環境に興味や好奇心をもって関わり，感じたことや考えたことを表現する力の基盤を培う。 ①身の回りのものに親しみ，様々なものに興味や関心をもつ。	の話す言葉を聞こうとする意欲や態度を育て，言葉に対する感覚や言葉で表現する力を養う。 ①言葉遊びや言葉で表現する楽しさを感じる。 ②人の言葉や話などを聞き，自分でも思ったことを伝えようとする。 ③絵本や物語等に親しむとともに，言葉のやり取りを通じて身近な人と気持ちを通わせる。	の話す言葉を聞こうとする意欲や態度を育て，言葉に対する感覚や言葉で表現する力を養う。 ①自分の気持ちを言葉で表現する楽しさを味わう。 ②人の言葉や話などをよく聞き，自分の経験したことや考えたことを話し，伝え合う喜びを味わう。 ③日常生活に必要な言葉が分かるようになるとともに，絵本や物語などに親しみ，言葉に対する感覚を豊かにし，保育士等や友達と心を通わせる。

	乳児保育（0歳児）	1歳以上3歳未満児	3歳以上児
ねらい	②見る，触れる，探索するなど，身近な環境に自分から関わろうとする。 ③身体の諸感覚による認識が豊かになり，表情や手足，体の動き等で表現する。		
内容	ア ①保育士等の愛情豊かな受容の下で，生理的・心理的欲求を満たし，心地よく生活をする。 ②一人一人の発育に応じて，はう，立つ，歩くなど，十分に体を動かす。 ③個人差に応じて授乳を行い，離乳を進めていく中で，様々な食品に少しずつ慣れ，食べることを楽しむ。 ④一人一人の生活のリズムに応じて，安全な環境の下で十分に午睡をする。 ⑤おむつ交換や衣服の着脱などを通じて，清潔になることの心地よさを感じる。 イ ①子どもからの働きかけを踏まえた，応答的な触れ合いや言葉がけによって，欲求が満たされ，安定感をもって過ごす。 ②体の動きや表情，発声，	①保育士等の応答的な関わりや話しかけにより，自ら言葉を使おうとする。 ②生活に必要な簡単な言葉に気付き，聞き分ける。 ③親しみをもって日常の挨拶に応じる。 ④絵本や紙芝居を楽しみ，簡単な言葉を繰り返したり，模倣をしたりして遊ぶ。 ⑤保育士等とごっこ遊びをする中で，言葉のやり取りを楽しむ。 ⑥保育士等を仲立ちとして，生活や遊びの中で友達との言葉のやり取りを楽しむ。 ⑦保育士等や友達の言葉や話に興味や関心をもって，聞いたり，話したりする。	①保育士等や友達の言葉や話に興味や関心をもち，親しみをもって聞いたり，話したりする。 ②したり，見たり，聞いたり，感じたり，考えたりなどしたことを自分なりの言葉で表現する。 ③したいこと，してほしいことを言葉で表現したり，分からないことを尋ねたりする。 ④人の話を注意して聞き，相手に分かるように話す。 ⑤生活の中で必要な言葉が分かり，使う。 ⑥親しみをもって日常の挨拶をする。 ⑦生活の中で言葉の楽しさや美しさに気付く。 ⑧いろいろな体験を通じてイメージや言葉

	乳児保育（0歳児）	1歳以上3歳未満児	3歳以上児
内容	喃語等を優しく受け止めてもらい、保育士等とのやり取りを楽しむ。 ③生活や遊びの中で、自分の身近な人の存在に気付き、親しみの気持を表す。 ④保育士等による語りかけや歌いかけ、発声や喃語等への応答を通じて、言葉の理解や発語の意欲が育つ。 ⑤温かく、受容的な関わりを通じて、自分を肯定する気持ちが芽生える。 ウ ①身近な生活用具、玩具や絵本などが用意された中で、身の回りのものに対する興味や好奇心をもつ。 ②生活や遊びの中で様々なものに触れ、音、形、色、手触りなどに気付き、感覚の働きを豊かにする。 ③保育士等と一緒に様々な色彩や形のものや絵本などを見る。 ④玩具や身の回りのものを、つまむ、つかむ、たたく、引っ張るなど、手や指を使って遊ぶ。 ⑤保育士等のあやし遊びに機嫌よく応じたり、歌やリズムに合わせて手足や		を豊かにする。 ⑨絵本や物語などに親しみ、興味をもって聞き、想像をする楽しさを味わう。 ⑩日常生活の中で、文字などで伝える楽しさを味わう。

	乳児保育（0歳児）	1歳以上3歳未満児	3歳以上児
内容	体を動かして楽しんだりする。		
内容の取扱い	ア ①心と体の健康は，相互に密接な関連があるものであることを踏まえ，自ら身体を動かそうとする意欲が育つようにすること。 ②離乳食が完了期へと移行する中で，進んで食べようとする気持ちが育つようにする。 イ ①温かく受容的・応答的に関わることで，保育士との信頼関係が築けるよう心がける。 ②身近な人との応答の中で，次第に言葉を獲得し，積極的に言葉のやり取りを楽しむことができるようにする。 ウ ①玩具などは，音質，形，色，大きさ等子どもの発達状態に応じて適切なものを選び，遊びを通して探索意欲が満たされるよう自由に遊べるようにすること。 ②乳児期の表情，発声，体の動き等での感情表現を積極的に受け止め，子	①身近な人に親しみをもって接し，自分の感情などを伝え，それに相手が応答し，その言葉を聞くことを通して，次第に言葉が獲得されていくものであることを考慮して，楽しい雰囲気の中で保育士等との言葉のやり取りができるようにすること。 ②子どもが自分の思いを言葉で伝えるとともに，他の子どもの話などを聞くことを通して，次第に話を理解し，言葉による伝え合いができるようになるよう，気持ちや経験等の言語化を行うことを援助するなど，子ども同士の関わりの仲立ちを行うようにすること。 ③この時期は，片言から，二語文，ごっこ遊びでのやり取りができる程度へと，大きく言葉の習得が進	①言葉は，身近な人に親しみをもって接し，自分の感情や意志などを伝え，それに相手が応答し，その言葉を聞くことを通して次第に獲得されていくものであることを考慮して，子どもが保育士等や他の子どもと関わることにより心を動かされるような体験をし，言葉を交わす喜びを味わえるようにすること。 ②子どもが自分の思いを言葉で伝えるとともに，保育士等や他の子どもなどの話を興味をもって注意して聞くことを通して次第に話を理解するようになっていき，言葉による伝え合いができるようにすること。 ③絵本や物語などで，その内容と自分の経験とを結び付けたり，想像を巡らせたりするなど，楽しみ

	乳児保育（0歳児）	1歳以上3歳未満児	3歳以上児
内容の取扱い	もが様々な活動を楽しむことを通して表現が豊かになるようにすること。	む時期であることから、それぞれの子どもの発達の状況に応じて、遊びや関わりの工夫など、保育の内容を適切に展開することが必要であること。	を十分に味わうことによって、次第に豊かなイメージをもち、言葉に対する感覚が養われるようにすること。 ④子どもが生活の中で、言葉の響きやリズム、新しい言葉や表現などに触れ、これらを使う楽しさを味わえるようにすること。その際、絵本や物語に親しんだり、言葉遊びなどをしたりすることを通して、言葉が豊かになるようにすること。 ⑤子どもが日常生活の中で、文字などを使いながら思ったことや考えたことを伝える喜びや楽しさを味わい、文字に対する興味や関心をもつようにすること。

　乳児保育で大切なことは、保育士との信頼関係を築くことであろう。乳児は特定の保育士との温かく受容的・応答的な関わりを通して安心し、心を開いていく。また、その保育士との信頼関係を基盤として徐々に周囲の人や物に興味を示すようになる。従って、乳児の生活の安定を図りながら、自分でしようとする気持ちを尊重し、温かく見守るとともに、応答的に関わることが必要であ

る。
　1歳以上3歳未満児の特徴は, 語彙が増加することである。最初からうまく話せなくても, 保育士とのやり取りや友達の話すことを聞けるようにもなる時期である。しかし, 語彙の不足や感情のコントロールが出来ず, 泣いたり癇癪を起こしたりする事もあるので, 気持ちや経験の言語化を援助することで, 子ども同士の関わりの仲立ちをすることも必要である。

絵本を楽しむ

　3歳以上児では, 友達関係が広がりを見せ, 友達との言葉のやり取りも活発になる。
　自分の思いを言葉で伝えたり, 相手の言葉を聞いて理解したりするようにもなる。また, 想像力・思考力・探究心などが発達することから, 絵本や物語などで未知の世界と出会うことを喜ぶ。子どもがそれぞれの感じ方や楽しみ方で絵本や物語の世界に浸っていることを大事にし, 大人の感想などを押し付けないようにしたいものである。また, 4〜5歳児になると周囲にある文字に興味を示し, 読んだり, 真似して書いたりするようにもなる。このような一人一人の子どもの文字に対する興味や関心に応じて, 文字を通して何らかの意味が伝わっていく面白さ・楽しさが感じられるような経験を取り入れたいものである

　近年の研究成果から, 乳幼児期における自尊心や自己防御, 忍耐力などの社会情動的側面の育ちが, 大人になってからの生活に影響を及ぼすことが明らかになり, 保育所での保育士や他の子どもとの関わる経験や内容の重要性が認識されるようになった。
　また, 保育士等との信頼関係を築くことにより他者を受け入れる気持ちが生まれ, 他の人とうまく関わる力, 感情をコントロールする力, さらには自己肯定感などが育まれていく乳幼児期は,「目に見えない」内面の育ち, いわゆる非

認知能力を育むことが大切である。そのためにも乳児期における保育士の受容的・応答的関わりが重要である。

V　幼保連携型認定こども園教育・保育要領

1．認定こども園とは

「就学前の子どもに関する教育，保育等の総合的な提供の推進に関する法律」（認定こども園法）に基づき，2006年（平成18年）10月1日から設置された保育施設である。

　従来，幼稚園は保育時間が短く3歳からであること，保育所は保護者の就労が入所の条件となるなどの受け入れ側の条件から，保護者が就労していない場合は「幼稚園」，就労している場合は「保育所」を選択するのが一般的であった。

　しかし，共働き家庭の増加，働き方の多様化，待機児童の問題，さらに育児不安を抱え孤立する母親の増加傾向など，近年の育児事情を考慮し，就学前の子どもに幼児教育と保育を併せて提供し，地域の子育て支援を担う施設として認定こども園はスタートした。

　親の就労の有無にかかわらず0歳から就学前までのすべての子どもを対象にしたものであり，文部科学省，厚生労働省の両省を所管省庁としている。

　なお認定こども園は，母体となる施設によって以下のようなタイプに分けられる。

　①認可幼稚園と認可保育所が一体となる「幼保連携型」
　②認可幼稚園が保育所機能を備えた「幼稚園型」
　③認可保育所が幼稚園機能を備えた「保育所型」
　④認可されていない地域の教育・保育施設が必要な機能を果たす「地方裁量型」

2．幼保連携型認定こども園の「教育・保育要領」

　幼保連携型認定こども園は，幼稚園の機能と保育所の機能を併せ持つ単一の施設で，小学校就学前の子どもの教育・保育・子育て支援を一体的に提供する施設である。

　従って幼保連携型認定こども園の教育課程その他の教育及び保育の内容に関する事項は，認定こども園法において，「幼稚園教育要領」および「保育所保育指針」との整合性の確保，小学校における教育との円滑な接続に配慮しなければならないと規定されている。

　今回，幼稚園教育要領，保育所保育指針が改訂・改定されたことを踏まえ，その内容を反映させるべく幼保連携型認定こども園教育・保育要領は，以下の基本的な考え方で改訂された。

①　幼稚園教育要領及び保育所保育指針との整合性の確保

○幼稚園教育要領との整合性
・幼保連携型認定こども園の教育及び保育において育みたい資質・能力の明確化
・5歳児修了時までに育ってほしい具体的な姿「幼児期の終わりまでに育ってほしい姿」の明確化
・園児の理解に基づいた評価の実施，特別な配慮を必要とする園児への指導の充実
・近年の子どもの育ちを巡る環境の変化等を踏まえ，満3歳以上の園児の教育及び保育の内容の改善及び充実

○保育所保育指針との整合性
・乳児期及び満1歳以上3歳未満の園児の保育に関する視点及び領域，ねらい及び内容並びに内容の取扱いの明示
・近年の課題に応じた健康及び安全に関する内容の充実，災害への備えに関しての教職員間の連携や組織的な対応の明確化

② 幼保連携型認定こども園として特に配慮すべき事項等の充実

・幼保連携型認定こども園の教育と保育が一体的に行われることを，教育・保育要領の全体を通して明示
・教育及び保育の内容並びに子育ての支援等に関する全体的な計画の明確化
・幼保連携型認定こども園として特に配慮すべき事項（満3歳以上の園児の入園時や移行時について等）の教育及び保育等について明示
・多様な生活形態の保護者への配慮や地域における子育て支援の役割等，子育ての支援に関しての内容充実

なお，改訂後の幼保連携型認定こども園教育・保育要領は下記の通りである。

第1章　総則
　第1　幼保連携型認定こども園における教育及び保育の基本及び目標等
　第2　教育及び保育の内容並びに子育ての支援等に関する全体的な計画等
　第3　幼保連携型認定こども園として特に配慮すべき事項
第2章　ねらい及び内容並びに配慮事項
　第1　乳児期の園児の保育に関するねらい及び内容
　　　　健やかに伸び伸びと育つ
　　　　身近な人と気持ちが通じ合う
　　　　身近なものと関わり感性が育つ
　第2　満1歳以上満3歳未満の園児の保育に関するねらい及び内容
　　　　健康，人間関係，環境，言葉，表現
　第3　満3歳以上の園児の教育及び保育に関するねらい及び内容
　　　　健康，人間関係，環境，言葉，表現
　第4　教育及び保育の実施に関する配慮事項
第3章　健康及び安全
　第1　健康支援
　第2　食育の推進
　第3　環境及び衛生管理並びに安全管理

第4　災害への備え
第4章　子育ての支援
　第1　子育ての支援全般に関する事項
　第2　幼保連携型認定こども園の園児の保護者に対する子育ての支援
　第3　地域における子育て家庭の保護者等に対する支援

> **幼保連携型認定こども園
> 教育・保育要領（抄）
> 〈言　葉〉**
> 内閣府　文部科学省　厚生労働省
> （平成 29 年 3 月 31 日告示）
> （平成 30 年 4 月 1 日施行）

第 3 章章末資料

> 経験したことや考えたことなどを自分なりの言葉で表現し，相手の話す言葉を聞こうとする意欲や態度を育て，言葉に対する感覚や言葉で表現する力を養う。

第 2　満 1 歳以上満 3 歳未満の園児の保育に関するねらい及び内容

1　ねらい
 (1)　言葉遊びや言葉で表現する楽しさを感じる。
 (2)　人の言葉や話などを聞き，自分でも思ったことを伝えようとする。
 (3)　絵本や物語等に親しむとともに，言葉のやり取りを通じて身近な人と気持ちを通わせる。

2　内容
 (1)　保育教諭等の応答的な関わりや話し掛けにより，自ら言葉を使おうとする。
 (2)　生活に必要な簡単な言葉に気付き，聞き分ける。
 (3)　親しみをもって日常の挨拶に応じる。
 (4)　絵本や紙芝居を楽しみ，簡単な言葉を繰り返したり，模倣をしたりして遊ぶ。
 (5)　保育教諭等とごっこ遊びをする中で，言葉のやり取りを楽しむ。
 (6)　保育教諭等を仲立ちとして，生活や遊びの中で友達との言葉のやり取りを楽しむ。
 (7)　保育教諭等や友達の言葉や話に興味や関心をもって，聞いたり，話したりする。

3　内容の取扱い

上記の取扱いに当たっては，次の事項に留意する必要がある。
(1)　身近な人に親しみをもって接し，自分の感情などを伝え，それに相手が応答し，その言葉を聞くことを通して，次第に言葉が獲得されていくものであることを考慮して，楽しい雰囲気の中で保育教諭等との言葉のやり取りができるようにすること。
(2)　園児が自分の思いを言葉で伝えるとともに，他の園児の話などを聞くことを通して，次第に話を理解し，言葉による伝え合いができるようになるよう，気持ちや経験等の言語化を行うことを援助するなど，園児同士の関わりの仲立ちを行うようにすること。
(3)　この時期は，片言から，二語文，ごっこ遊びでのやり取りができる程度へと，大きく言葉の習得が進む時期であることから，それぞれの園児の発達の状況に応じて，遊びや関わりの工夫など，保育の内容を適切に展開することが必要であること。

第3　満3歳以上の園児の教育及び保育に関するねらい及び内容
1　ねらい
(1)　自分の気持ちを言葉で表現する楽しさを味わう。
(2)　人の言葉や話などをよく聞き，自分の経験したことや考えたことを話し，伝え合う喜びを味わう。
(3)　日常生活に必要な言葉が分かるようになるとともに，絵本や物語などに親しみ，言葉に対する感覚を豊かにし，保育教諭等や友達と心を通わせる。

2　内容
(1)　保育教諭等や友達の言葉や話に興味や関心をもち，親しみをもって聞いたり，話したりする。
(2)　したり，見たり，聞いたり，感じたり，考えたりなどしたことを自分なりに言葉で表現する。
(3)　したいこと，してほしいことを言葉で表現したり，分からないことを尋ねたりする。

(4) 人の話を注意して聞き，相手に分かるように話す。
(5) 生活の中で必要な言葉が分かり，使う。
(6) 親しみをもって日常の挨拶をする。
(7) 生活の中で言葉の楽しさや美しさに気付く。
(8) いろいろな体験を通じてイメージや言葉を豊かにする。
(9) 絵本や物語などに親しみ，興味をもって聞き，想像をする楽しさを味わう。
(10) 日常生活の中で，文字などで伝える楽しさを味わう。

3 内容の取扱い

上記の取扱いに当たっては，次の事項に留意する必要がある。

(1) 言葉は，身近な人に親しみをもって接し，自分の感情や意志などを伝え，それに相手が応答し，その言葉を聞くことを通して次第に獲得されていくものであることを考慮して，園児が保育教諭等や他の園児と関わることにより心を動かされるような体験をし，言葉を交わす喜びを味わえるようにすること。

(2) 園児が自分の思いを言葉で伝えるとともに，保育教諭等や他の園児などの話を興味をもって注意して聞くことを通して次第に話を理解するようになっていき，言葉による伝え合いができるようにすること。

(3) 絵本や物語などで，その内容と自分の経験とを結び付けたり，想像を巡らせたりするなど，楽しみを十分に味わうことによって，次第に豊かなイメージをもち，言葉に対する感覚が養われるようにすること。

(4) 園児が生活の中で，言葉の響きやリズム，新しい言葉や表現などに触れ，これらを使う楽しさを味わえるようにすること。その際，絵本や物語に親しんだり，言葉遊びなどをしたりすることを通して，言葉が豊かになるようにすること。

(5) 園児が日常生活の中で，文字などを使いながら思ったことや考えたことを伝える喜びや楽しさを味わい，文字に対する興味や関心をもつようにすること。

第 4 章

領域「言葉」の具体的な内容

　言葉を使うことは，人間としてより人間らしくなるということである。その言葉は，乳幼児期に子ども自らの努力によって獲得していくものであり，言葉は教えられるのではなく，身近な大人との相互作用で，大人の模倣をしたり，子ども自らの活動を繰り返しながら獲得していくものである。そこで保育者は，子どもの生活を通して，どのように考え，援助したらよいかということについて考えたい。

I　聞く力を育てるために

　「聞く」ということは，さまざまな音（声）を私たち人間の耳を通して聞くことである。
　走っている満員電車の中で聞こえてくるのは，電車の走る音，新聞をたたむ音，本をめくる音，人の話し声，笑い声，泣き声，うなり声など，さまざまな音や声が耳に入ってくる。しかし，全部の音や声が同じ量だけ同じ時に聞こえてくるわけではない。また，大きな笑い声よりも，小さなヒソヒソ話の方に耳を傾けたり，聞こうとする人が興味をもって聞こうとする音や声はよく耳に入ってくる。私たちが生活している環境の中には，多くの音や声が存在しているが，私たちの耳はその中から選んで聞いているのである。同時に何人かの人々から言葉をかけられたらどうであろうか。「そんなに一度に言われてもわからない。一人ずつ話して……」ということになる。

なんとなく耳に入ってくる音や声を聞くことと，ある程度意識しながら人の話を聴くというのでは，同じきくという活動ではあっても異なる。しかし，ここでは聞く・聴くを特に意識しないで考えることにする。したがって，「聞く」ということは，自然に耳に入ってくる音や声を聞き流すのではなく，聞こうとしている事柄に向かって，意識して注意して，積極的に聞こうとする意欲的な態度が必要であるということである。なんとなく聞いているだけでは，きいて分かるということに結びつかないことが多い。

　そこで，言葉獲得の領域における「聞く」ということを考えると，「聞く」ということは「話す」ということと密接につながっている。幼児は周囲の大人や友達とのやりとりや，絵本を読むのを聞いたりするなどの様々な体験の中で，徐々に話の内容を注意して聞けるようになっていく。そしてその中で自分も相手により分かるような話し方を学んでいくのである。

　また，赤ちゃんが，夢中になってお乳を飲んでいる。このお乳を飲むということは，ただ単に空腹を満たし，栄養を摂ればよいということだけではない。赤ちゃんが泣くことによって空腹を知らせ，これを受けた母親（保育者）はこの欲求を満たすために授乳する。子どもにとっては，子どもの欲求を満たしてくれた母親（保育者）に，やさしく，しっかりと抱かれて飲むことの安心感，明かるい笑顔でやさしく語りかけてくれる母（保育者）の声や表情などを自然に憶えていく。子どもが何かを要求したとき，それに応えてくれる親（保育者）に対して，信頼感と安定した気持ちを通して，コミュニケーションが生じてくるのである。こうした親（保育者）と子どものあたたかいふれあい，お互いの信頼感があってこそ，子どもは順調に育っていくのである。母親への，さらには人への愛着は，言葉のやりとりを豊かにする基盤である。

　「『コミュニケーション』には……『交わり共有しあう』とか『通じ合い一体となる』……乳児の初期のコミュニケーションでは，文字どおり，母と子が一体となって交わりあい，さまざまな共有関係をわかち合うことが，その核心となるのである。……」（「子どものことば」岡本夏木著）

　このように，子どもの言葉は，幼い時の母子関係が，信頼と安定感を基礎にして育っていく。

　このごろの子どもの中には，表情の乏しい子どもがいるという。幼い時に母

親などから，言葉かけをあまりしてもらえず，テレビにおもりをされていた子どもの中には，人とのやりとり，聞き合うことが少ないために，表情が豊かになりにくい子どもがいる。保育所や幼稚園などに行ってからも，保育者や友達とうまく視線が合わないために，言葉をかけてもらうことのできるチャンスを見逃してしまう。そこで「聞く」ことを育てるにはどのようにしたらよいのかを考えてみたい。それには，親や保育者は，まず，子どもの言葉に耳を傾けてほしい。

　聞くという態度は，かなり積極的に聞かなければ理解できない場合がある。外見ではいかにも聞いている格好をしているが，実はなんとなく聞いているというだけでは，聞いて分かるというところまで発展していかないことが多い。

　では，どのような点を心がけたらよいかということを考えてみると，つぎのような点があげられるだろう。

　①　人の話す言葉に興味や関心を持ち，親しみを持って聞く。

　保育者や友達が話す言葉にたいして，ただなんとなく表情や態度に耳を傾けるというのではなく，(話す言葉や内容などを)興味を持って意欲的に聞くということが必要なことである。

　それには，言葉だけの問題ではなく，互いに心から信頼し合うことのできる，親しみを持つことのできる関係があり，その関係をつくることが望まれる。

　②　話す人の顔（表情）を見る。

　話す人に耳を向けてはいるが，目は全く異なった方向に向いているのでは，本当に聞いていることに結びつきにくい。話す人の顔や表情をしっかりと見つめながら積極的に聞くことによって，話の内容なども印象に残っていく。それが聞いて分かるということにもなっていく。

　③　集中力を養う。

　人の話を聞くときは，話す人も一生懸命になって話していることを伝え，聞く人も一生懸命に聞くことが大切であることを

伝える。この場合，保育者が子どもに命令したり，教え込むようなことは避けたい。

④　大勢の友達と一緒に聞く。

子どもが1人で話を聞くのと友達と一緒に聞くのとでは意識が違う。大勢の友達と一緒に聞くことは，絵本なりお話をみんなで共有することになる。友達はどんな表情をして聞いているのだろうか，どんなふうに思っているのだろうかなど，想像しながら聞くことは大変楽しいことなのである。

保育者が，子どもの話に耳を傾け，真剣に聞く姿勢があれば，子どもも一生懸命に話そうとするし，保育者が一生懸命に話せば，子どももきっと耳を傾けてくれる。言葉は人とのかかわりぬきには考えられない。

⑤　保育者は良い聞き手となろう。

子どもに「お友達の話はきこうね」「静かにききましょう」というまえに，子どもの話を保育者が聞くことから始めたい。保育者は子どもが，小さな聞きとりにくい声でつぶやいた言葉をすかさず聞く。たどたどしい語り口であっても，まず一生懸命に聞こうとすることである。

⑥　保育者は聞きやすい環境を構成する。

保育者は子どもが人の話を熱心に，夢中になって聞くことのできる環境を構成することが大切である。たとえば，保育者が子どもたちに，「背中をまっすぐにして，手はおひざの上にね」などと言うと，大人でも我慢できなくなる場合がある。もっと楽な疲れない姿勢で聞くことができるようにしたい。また，話す人の声が聞こえにくいような音や声のする場所は避けたいものである。

⑦　絵本やお話など言語文化とかかわりの持てる環境を用意する。

子どもは，保育者や大人から絵本を読んでもらったり，お話をしてもらうことが大好きである。ストーリーが面白かったり興味のある物語であれば，集中して聞き，子どもなりにイメージを膨らませていくこともできる。その先をもっと聞きたいという欲求にもつながっていく。

II　言葉による表現を豊かにするために

　言葉の獲得に関する領域では,「経験したことや考えたことなどを自分なりの言葉で表現し,……」(幼稚園教育要領) と示されている。
　子どもは, 生まれるとすぐに言葉を使って表現できるわけではない。泣くということから始まって, 喃語を話す……(第2章参照) というように, 心身の発達に伴い, いろいろな段階を経て, またさまざまな経験を通して, 徐々に言葉を使うことができるようになるのである。
　言葉の獲得のためには, 子どもが身近な人に親しみをもって接し, 自分の感情や意志などを言葉を使って伝える。そして, 生活の中で心を動かし, 表現したくなるような体験を豊富に持つことや, 言葉を交わす喜びを味わい, 話したり聞いたりする経験を十分に持つことが大切である。
　言葉は, 日常生活の中で育つものであり, 毎日の子どもの生活の中で自然に話したり聞いたりする経験を多く持つことが大切である。特に言葉による表現だけを取り出して指導することではない。ただ言葉は, 子どもが生活していくためには基本になるものであり, 他の領域と深くかかわってくるのである。
　そこで子どもが, 言葉, 特に自分なりの言葉によって表現しようとする力を, どのように育んでいったらよいのかということになるが, 子どものその時の状態や, 同じ言葉でも場面が異なると表現方法も異なる場合があり, 一様には言えない。が, いくつかの視点を考えてみたい。
① 子どもがゆったりとした気持ちで話せるようにする。
　保育者は, 子どもがその子どもなりの表現で話したり, 質問してくるときに, あまりにもうなずきすぎたり, 相槌を打ったりして, 子どもの話そうとする気持ちをあせらせてしまうことがある。子どもが言葉を選びながらゆっくり話しているときは, 保育者も落ち着いてゆったりした気持ちで聞くことが大切である。あまりせかしてしまうと, 子どもが何を言おうとしているのかを忘れてしまったり, 話すことが面倒になってしまうことがあるので, 保育者はゆったり

と落ち着いた気持ちで聞いてほしい。
② **保育者が受容する気持ちを持つ。**

　子どもは，自分が感じたこと，考えていること，聞きたいことなどをいろいろな方法で表現したい気持ちを持っている場合が多い。ところが，言葉によって表現できない発達段階であったり，または上手に表現できないために，保育者に聞こえなかったり，表現しようとしている意味が分からないこともある。やっと「チー」と言えるようになった幼児が，まだ声が小さいために，幼児の動作や口の動きを見ていないと，聞き逃すことがある。「チー，出たいの？」「チー，する？」と保育者が補ったために，子どもは，「出たいの」と言わんばかりの表情をする。保育者が受け入れてくれたことに対して，子どもは安心感を抱き，また繰り返そうと試み，だんだん言葉によって表現できるようになっていくのである。

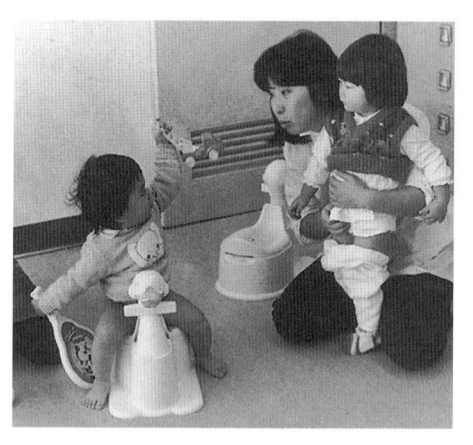

いつでも子どもの言葉に耳を傾ける

③ **保育者は，子どもの言動をよく観ていることが大切である。**

　発達段階から考えて，言葉で表現することのできない子どもには，身体の動き，表情，視線などから，子どもが「何を言いたいのか。何を要求しているのか」ということを保育者は読みとる必要がある。保育者は子どもの心の中で訴えていることを大切にし，見逃さないようにしたい。

④ **答える（応答する）。**

　保育者は，子どもから分からないことなど尋ねられたりしたときは，答える，応答することが大切である。子どもが一生懸命に知りたがっているのに，無言であったり，「今忙しいから」「あとで……」などと言って忘れてしまい，子どもに催促されることのないように心がけたい。子どもが，「先生に言っても，ダメだ」という気持ちを抱いてしまうことのないようにしたい。「忙しいから，あとで」と約束をしたら守って実現しないと，質問することを止めてしまうこと

にもなる。保育者への信頼も薄くなってしまう。このことは，言葉の問題だけでなく，子どもの心を傷つけることにもなる。

　子どもは，最初から正しい言葉を使って表現できるわけではない。発達に即した表現をするので，保育者は，それがどんな方法であっても，表現しようとする心情を大切にし，受容する心を備えておくことが大事なことであろう。

⑤　個人差への配慮。

　子ども一人一人についてみると，発達や個人差による違いがみられる。それをほとんど無視して，こういう表現をしても分かるであろうと勝手にきめつけることは危険である。言葉で話さないからといって押しつけがましいことを言うことも避けたい。「B子ちゃん，いつも上手に言えるでしょう。今日は，どうしたのかなー」などよく耳にする言葉である。いつも上手に話すことのできる子どもでも，今は話したくないのかもしれない。あるいは，体調が優れずに話すのは面倒なのかもしれない。大人でも，「ちょっと静かにして」と言いたい時もある。一人一人の子どもの状態を考えながら，言葉かけをする必要があるであろう。

⑥　安心して話すことのできる場を整える。

　子どもが，言葉を口にして話そうとしても，話すことのできない環境があることがある。「だまってろよ」「おれが言ってやる」「あたしが先よ」などなど，せっかく話そうと試みているのに，話の腰を折ってしまうような場合がある。ここでは，保育者の「○○ちゃんがお話するの聞きましょうね」「○○ちゃんにも話させてね」というような言葉かけは必要なことである。こういう場面では，言葉を話そうとする子どもたちへの援助だけでなく，人間関係や社会性の発達などへの影響も考えられるのである。つまり言葉で表現することによって，言葉の領域だけでなく，他の領域にまでかかわってくるのが言葉なのである。

⑦　保育者自身の言葉による表現からの影響。

　子どもの言葉による表現は，家庭にあっては親や兄弟などから，保育所や幼稚園などでは保育者や友達からの影響を受ける。なかでも保育者の言動は，子どもに影響を与えること大である。まさしく，子どもは保育者の言動をよく見ている。そしてそのことを模倣しながら表現していくのである。また，友達の話す（使う）言葉の影響をも受ける。良きにつけ悪しきにつけ，少なくとも保育

の場で,保育者や友達と生活している時は実際に聞いておぼえていくのである。おぼえた言葉を家庭でも早速使ってみたいということになる。

⑧　言葉を育む環境を豊かにする。

　たとえば,絵本の読み聞かせやお話・紙芝居など,文化財を通して,子どもに語りかける。子どもたちは絵本を読んでもらったり,保育者からのお話などを聞くことによって,ストーリーをおぼえたり,言葉に関心を持つようになる。それだけではなく,絵本を読んでくれた,お話をしてくれた,保育者の声や表情をおぼえていて,あたたかい眼差し,笑顔,やさしい声などは,安定した情緒を育てていくのである。絵本やお話の中には,日常生活の中では見ることのできない,感じることのできない内容や言葉がある。それを通して,新しい語彙を増すことへもつながってくるのである。また,お話を聞くということは,子どもたち自身でその内容をイメージし,想像性豊かな人間を育てていくことになり,それを言葉によって表現していくことができるようにもなるのである。

III　考える・想像する力を育てるために

　われわれ大人が何かを思考するとき,「言葉」によるが,あまり意識しているわけではない。そして考えたことを心の中に秘めておいたり,話す・書く(文字・絵など)ことにより表現することもあるが,これは「言葉」によるところが大きい。

　子どもはどうであろうか。子どもは最初から言葉で表現できるわけではないし,言葉によって考えることはできない。しかし,言葉を話す(使う)ことができるようになってくる段階では,言葉で考える活動が準備されてきているのである。言葉を使う対象者(物)のことを見たり考えたりしながら行動していく。子どもは大人のように考えてから行動するということよりは,行動しながら話す,しゃべることが多い。しゃべりながら考えている。つまり,しゃべっていることが考えていることでもあると言われている。幼児が一人で遊んでいるときでも,しゃべりながら遊んでいる場合が多い。しゃべっている言葉を記録し

てみると，幼児の思考過程が分かる。

　言葉で考えることができるということは，言葉によって対象者(物)を認識することができるということである。そのことが正しいか否かというより，言葉を使って考えることができるようになっていくのである。

　さて，子どもが言葉によって**考える力**をどのように育てたらよいのであろうか。保育者は，子どもの行動を通して，子どもが何を考えているのかということを読みとることが大切である。それにはまず，つぎのようなことに注意する必要があろう。

① **子どもの考えを尊重する。**

　大人(保育者)の側から見ると，どんなにつまらないことではあっても，子どもが考えたことは尊重し認めてあげることが大切である。もし保育者が他の考え方をした方がよいと思った場合，説明して分かる年齢・発達段階であれば，一緒に子どもと考え，子どもの考え方を取り入れながらすすめていく。

② **子どもの行動を見守る。**

　子どもが友達と遊んだり，おしゃべりをしながら行動したり，友達と話しているときなど，いろいろな場面を通して，いろいろな行動が展開されるであろう。保育者はその一つ一つの場面の子どもたちに対して，直接すぐに，アドバイスをする必要の生じてくることもあるが，なるべく，子どもたちの自主性を尊重しながら，あたたかい眼差しで見守ることが必要であろう。子どもたちが夢中になって行動しているとき(危険を伴うときは別として)は，特に見守るということが保育者の援助ということにもなる。

③ **保育者が受容する心を持つ。**

　分からないことを知ろうとしたり，話したいことをいつでも聞いてくれる保育者がいるということは，子どもの心も安定し，質問を投げかけてくる。保育者は子どもの相手になって，いつでも質問に答えてくれるし，やさしい受け答えは子どもの胸を打ち，いつでも先生(保育者)のところへ行きたい，話したいという意欲に結びつく。時には子どもの考えていることを一つ一つ整理することや，質問にすぐ応答するのではなく，間をみながら，子どもに考える糸口や余裕を援助することも必要なことであろう。

④ **環境を整える。**

子どもが，あれこれ考えたり思考を深めるために必要と思われるものを用意する。たとえば，「〇〇はこうだよねー」「ちがうよ，こうだもの」というときの参考となる資料，絵本などの教材を用意するなど，子どもにとって必要となりそうな物など準備しておく。必要と思われる時に，準備されている場合とそうでない場合とでは，子どもの思考を深めることに影響を与えることになるであろう。

　さらに，**想像性を育てる力**を養うためには，つぎのようなことが考えられる。

① 日常生活を大切にしていく。

　毎日繰りひろげられる日常生活の中には，喜怒哀楽のある感情体験がある。毎日の生活の中で，ごく自然に味わうことのできる体験を大切にしたいものである。どんな体験でもその体験の中から，言葉を豊かにしていくことができることであろう。子どもが非常に感動した場面はよくおぼえていて，あれこれ想像することは楽しいことであるという実感も生まれてくるのである。そこには保育者の援助が必要な場合もあるであろう。

② 絵本や物語などに親しみ，興味を持って聞くことにより想像する楽しさを味わう。

　子どもは，見たり聞いたりした絵本や物語などの内容と，自分の経験したことを結びつけたり想像することを楽しむ。この楽しさを十分に味わうことにより，子どもの想像力はしだいに豊かになり，言葉に対する感覚も自然に育っていくので，絵本や物語などを聞く機会を多くとらえたいものである。

③ 生活の中で言葉の楽しさや美しさに気づく。

　保育者の話す言葉や物語などの中で，リズミカルな言葉や美しい言葉の響きに触れたり，子ども自身が使った楽しい言葉や美しい言葉を身近な人に認められることなどを通して，言葉に対する感覚を育てていく。

④ いろいろな体験を言葉で伝える。

　子どもたちは，生活を通して，いろいろな体験をするであろう。その体験をなるべく多くし，言葉で伝え合ったり，考えたりすることを通してイメージを広げ，言葉を豊かにしていく。体験したことをそのままにしておくのではなく，保育者や友達などに伝え合ったり，互いに考えたりする機会を保育者は準備することが大切である。

⑤ 保育者の言葉の子どもへの影響。

　保育者の使う言葉は，子どもに影響する。日常生活の中での言葉づかいを考えることが大切である。子どもに援助するとき，言葉がけなど，大勢の子どもたちに対してはもちろんのこと，一人一人の子どもと対応するときにも配慮してほしいものである。また，保育者が，言葉を話すときの表情についても，明るく，誠意を持って話すことのできる態度を大切にしたい。言葉は毎日使われるし，一度身についてしまうと，なかなか変えることが難しいのも言葉の特徴であろう。

IV　標識や文字・記号などへの興味や関心を育てるために

　標識や文字・記号などは，子どもが必ず知らなければならないというものではないが，せめて日常生活に必要な簡単な標識や文字・記号などへの関心は持たせたいものである。
　幼稚園教育要領および保育所保育指針（3歳以上児），幼保連携型認定こども園教育・保育要領（満3歳以上の園児）の領域「言葉」の内容⑽に「日常生活の中で，文字などで伝える楽しさを味わう」と示されている。
　子どもが日常生活の中で，簡単な標識や記号に触れたり，標識を作って遊んだりすることを通して，標識の意味について気づくようにする。また，文字への関心を受けとめ，それが自然に育っていくように保育者は援助する。
　このことについて，幼稚園教育要領では，「言葉」の「内容の取扱い」⑸の中で，「幼児が日常生活の中で，文字などを使いながら思ったことや考えたことを伝える喜びや楽しさを味わい，文字に対する興味や関心をもつようにすること」と示し，また，「環境」の「内容」⑽に「日常生活の中で簡単な標識や文字などに関心をもつ」と示している。
　保育所保育指針（3歳以上児）および幼保連携型認定こども園教育・保育要領（満3歳以上の園児）では，「言葉」の内容⑩に「日常生活の中で文字などで伝える楽しさを味わう」とある。また「環境」のねらい③には，身近な事象

を見たり，考えたり，扱ったりする中で，物の性質や数量，文字などに対する感覚を豊かにする。および内容⑩に，日常生活の中で簡単な標識や文字などに関心をもつと示されている。

　たとえば，交通標識，道路標識として，歩行者専用，横断歩道，一時停止，歩行者通行止などは，よく見られるものである。これらの標識は，頭の中で暗記するというよりは，日常生活の中で，慣れることによって自然に覚えていくのである。社会生活，集団生活の中では，一定のルールを守ることによって，安全な安定した生活を送ることができる。交通標識などは，ルールを守ることによって交通事故から身を護ることができる。公園・遊び場などのきまりを守ったり，災害から身を護ろうとすることは大切なことである。

　また，天気予報の記号，晴，雨，曇，雪などは，毎日の生活と密着しており，テレビの画面を通して見ることもできるし，新聞にも載せられている。

　こうした標識や記号などは，一つのしるしであり，何かの意味を表している。社会生活を営むうえにおいては，大なり小なり知っていなければ，安全な安定した毎日の生活を送ることが難しいのである。交通信号を無視して横断歩道を渡れば，思わぬ事故という結果にもなりかねない。子どもは，保育者や大人から，直接・間接的にこのような印を教えてもらったり，知ったりしていく。歩いたり車に乗ったりして，実際に標識を見たり，レストランの前に行ってフォークやナイフが図示されているのを見たり，絵本に描かれている標識や記号を見ることによって，自然に覚えていくのである。

　幼稚園や保育所などにおける生活の中でも，いろいろ考えられる。幼い子どもたちは直接文字が読めないので，ロッカー，靴入れ，ふとんなどには，一人一人異なった印で示されていたり，クラスの名前が絵で描かれているなど，それぞれの物や場などを表す印がある。それは毎日の園生活の中で，子どもが自然に慣れおぼえていく。集団生活を送っている

ので必要なことである。

　こうした標識や記号などは，日常生活に必要な一種の言葉としての機能を果たしている。あまり複雑であったり難しいものは別として，日常生活の中で，何回も繰り返し見慣れ，触れることを通して親しみを感じ，それが自然に身についていく。標識や記号になぜ関心を持つことが大切なのかというと，つぎのようなことが考えられる。

① 集団生活に適応するため

　園での生活は，保育者との1対1のふれあいから，友達大勢との生活をしなければならない。子どもそれぞれが自分の持ち物や，保育室などを覚えようとするとき，標識や記号が分かれば間違えることはない。自然に覚えることが望ましい。

② 安全性の確保

　交通標識や記号について正しく理解していれば，交通事故の危険から身を護ることができるし，危険を避けることもできる。貯水池のそばに近寄らないための標識や，金網，棚に登ると危険であるという印を表すことによって，子どもを危険から護ることができる。

③ 身近なことへの関心を高める

　保育所や幼稚園などへの通園途中にある郵便局や病院，交番などのある場所に，それぞれ異なった印が表示されている。その印を見慣れ知ることによって，どのようなところなのかを自然に知っていく。そして毎日の生活の中で，どのようにかかわっていくところなのかということがだんだんと分かってくるであろう。あくまでも，標識や記号は，生活の中でどのような意味があり，どのように直結していくのかということが大切なことであるが，最初は興味を持つことからはじめたい。

　このような標識や記号を見慣れ知っていくということは，文字への関心にもつながっていく。文字というとすぐに思い出されるのは，「あ」は何と読むのだろうか，「あ」はどうやって書くのかということをすぐ考えがちであるが，そればかりではない。保育室の入口に「いりぐち」と書かれていたり，チューリップの絵とともに「ちゅーりっぷぐみ」と書かれているその場を，子どもは，何とはなしに見るのである。繰り返していくうちに自然に興味を持って見ていく

ようになる。「なんてかいてあるの」と質問したくなる。そこで覚えた文字（記号）を，他の場（たとえば絵本など）で見つけることができたとき，子どもはとてもうれしく「やったー」という気持ちで満足していく。このことはいっそう文字に興味・関心を持つことへとつながっていく。

　母親と一緒に買い物に行く。肉屋さんの前を通ると豚や牛の絵とともに文字が書いてある。絵に興味を示していた子どももだんだん文字に気づき，読みたがるようになってくる。このようにして文字に興味を示すようになると，駅の名前や公園，園では文字で書かれている物，事柄，友達の名前など，その関心は広がっていく。さらに，お話を聞いたり，絵本を読んでもらったりしている段階から，自分でお話をしたり，絵本を読みたがるようになってくる。

　幼児への文字指導は，文字を読む・書くということの指導ではなく，文字の機能に関心を寄せ，分かってくることから始まる。郵便屋さんやお手紙ごっこをするとき，はがきや手紙に正しい文字が書けなければ成り立たないのか，というとそうではなく，はがきや手紙を配ることから始める。やがて手紙に何かを書くのだということが分かり，さらに文字・記号が分からなくとも，手紙の文面に書くであろうと予測されることを，配達しながら言葉で表してみる，ということが，文字への関心を高めていくことにもなっていく。保育者としては，子どもが標識や記号，やがては文字に関心を示すことのできるような環境を準備することが大切なことであろう。

第3部

保育活動と「言葉」
―― 保育実践の中での保育者の援助とかかわり ――

第 5 章

言葉かけを中心としての
援助とかかわり

　ここ数年,実習生の言葉の問題として「あのォ,わたしはァ,だからァ……」など"語尾を伸ばす""語尾を上げる"などの言い回しが指摘されている。
　加えて,「残さずにた<u>べれ</u>るかな？」「きれい<u>だね</u>！」のような"ら抜き""だ入れ"や,「<u>やっぱ</u>……」「子どもが好き<u>とか</u>……」などの言葉づかいも,しばしば注意を受けている。
　それを江國は「テレビの街頭インタビューなんかを聞いていると,若い主婦はもとより,子づれのおばさんまでが,それでェ,あれがァ,を連発している。家庭で母親が,幼稚園で若い保母さんが,毎日,でェでェ言っていれば,子供たちがでェでェいうのは当然の話で,この語尾はすでに二世代を制覇したのである」と痛烈に批判している（江國滋著『日本語八ツ当り』新潮社）。
　もとより言葉とは,時代とともに,生活様式とともに変化していくものであるが,美しい言葉を,言葉を生かす正しい使い方を子どもたちに伝えていくことも大事なことであろう。
　保育者は,その存在そのものが"教材"であり,保育者の使う言葉は"教具"であるとも言われるが,その言葉が"凶具"とならぬよう気をつけていきたいものである。

　第1部第1章で,すでに述べられているように,言葉とは考える働きを有し,共有関係の成立,行動の調整,感情への働きを有するものである。また,言葉が人間生活の中で果たす役割には,話す・聞く・読む・書くという具体的な行為（活動）を通して,社会性の発展や感情の調整,経験や知識の拡大,そして文

化を伝承し創造する，という面がある。
　たしかに人間生活の中で，言葉は自分の要求や気持ちを表現・表出するものであり，相手の気持ちを受けとめ，相手の話すことを理解することでコミュニケーションを広げ，深めるなどの手段として欠かすことのできないものである。
　そこでこの章では，言葉そのものを表現や伝達，コミュニケーションの手段としてまだ十分に身につけていない子どもたちに，保育実践の中で保育者がどのようにかかわることが言葉の発達を助けることになるのか，具体的な活動や場面を事例としてあげながら説明していきたい。

I　0・1・2・3歳児と保育者のかかわり

1．0歳児とのかかわり

　生後3～4カ月ごろから喃語が出始め，話しかける保育者の口もとを見つめるようになり，7～8カ月になると，名前を呼ぶとそれに応えるような素振りを見せるようにもなる。さらに10カ月を過ぎると，ンマンマ，ブーなどの言葉が言えるようになり，「バイバイ」と手を振って見せると，それをまねて手を振るようにもなる。また，0歳後期には指さし行動も見られるようになる。そのような0歳児に対して，保育者はどのようなかかわり方をしていくことが望まれるのであろうか。

(1)　遊びの中で

　生後6カ月で入所してきたK子。初めて登園してきた朝，保育者が抱きとりながら「Kちゃん　おはよう」と言うと，じっと目を見つめ返し，うれしそうに声(喃語)を出して応えた。しかし，保育室に入ると，不安がり緊張している様子なので，なるべく話しかけたり呼びかけたりする機会を多く持つようにこころがけた。その折に，保育者はK子の顔をしっかり見て「Kちゃん」と名前を呼ぶこと，呼びかけたら「ハーイ」と応えながら

> K子の手をあげる動作をつけ加えることを繰り返しているうちに，K子はしだいに園生活に安定し，自分の名前を呼ばれると「アーイ」と言いながら片手をあげるようになった。

　保育者の呼びかけに，目を見つめ返し，うれしそうに声（喃語）を出して応えたということは，呼びかけた人の働きかけに応じたことであり，保育者とK子との間にコミュニケーションが成立したことを示している。そのコミュニケーションをさらに確かなものにするために，保育者はK子に繰り返し呼びかけている。そうすることでK子は情緒的にも安定し，保育者により親しい感じを抱くであろう。また，返事をするときに手をあげる動作を繰り返しつけ加えることで，言葉とそれに対応する動作（行動）とが一致し，理解されるようにもしむけている。

> 　乳母車で散歩に行くのが大好きな11カ月のT夫。出かける際には必ず帽子をかぶせて「お散歩ね」と言っていたところ，「お散歩よ」と呼びかけるとうれしそうに帽子を持ってくるようになった。

　この例は，散歩に行くときには必ず帽子をかぶって出かけたということで，散歩という言葉と，帽子をかぶる＝帽子を持ってくるという動作とが結びついた例である。
　Y子（12カ月）の父は単身赴任である。父親不在の寂しさと，父親の顔を忘れてしまうのではとの思いで，母親が写真を見せては「ほら，パパよ」と繰り返していたところ，写真を見るたびに「パパ」と言うようになったというように，写真そのものとパパという言葉が結びついてしまった例もある。同様に灰皿に近づくたびに母親が「メッ！」と叱っていたら，灰皿を「メッ」というものと思い込んだという例もある。
　この時期は，前後の関連から言葉を推測して理解することはできず，一つ一つの言葉を自分の行動と結びつけて獲得していく時である。したがって，「お散歩に行こうね。お帽子かぶってね」「パパはここよ。パパのお顔ね」など，具体的に言葉と実際の行動や実物とが結びつくよう話しかけていきたいものであ

(2) 生活の中で

> 5カ月のUは，空腹な時やおむつが濡れると大声で泣く大変元気の良い男の子である。おむつ交換の際に，おむつをはずした状態にしておいてあげると，気持ちが良いらしく足をバタつかせて喜んでいる。そこで，その度に「ピョンピョンピョン」とリズムに合わせて言葉を添えていたら，ひざの上でも「ピョンピョンは？」と言われると同じ動作をするようになった。

これは，Uの自発的な動作（動き）に決まった声をかけているうちに，しだいに"自分の動きが耳から入ってくる言葉と同じものらしい"ということが分かってきてのことと思われる。

0歳児は自分で言葉を話すことは無理であっても，大人の話す言葉に対しての理解は7～8カ月ごろから見られるようになる。したがって，言葉と具体物とが（ワンワンいるね），言葉と具体的な行動とが（さあ，お顔きれいにしようね）結びつくよう，さまざまな場面で保育者の言葉かけが必要である。

言葉と具体的行動とが結びつく

2．1歳児とのかかわり

1歳2～3カ月ごろから片言（一語文）が始まり，絵本の中に知っているものを見つけると指さしながら，その名前を言うようになる。また1歳6カ月過ぎごろから，「イヤ」と自分の気持ちを表現するようにもなる。そして身近なものの名前を知ろうとして，さかんに「コレ　なあに？」と質問し，聞いた言葉をオウム返しにまねしたりもする。

(1) 遊びの中で

> 1歳5カ月になる男児M。キューピー人形を抱いたり，寝かせたりしている。保育者が「Mくん，キューピーさんのお目々はどこかな？」と聞くと「アー」と言いながらキューピーの目を指す。同じように鼻，口，耳，頭と間違えずに指さし，そのうち人形の足を指さし「アチ，アチ」と言う。保育者が「そう，足ね。よくわかるのね」と頭を撫でると，うれしそうにMは自分の足を指さしながら「アチ，アチ」と言う。

　1歳半前後になると，すべてものに名前があり，すべてものを言葉で言い表すことができることも分かるようになる。そして「〜ちゃんの目はこれね。ママの目は？」などの問いかけに喜んで応じ，問われると自分の身体の部分を指さして見せるなどもできるようになる。
　やがて自分もその部分を言葉で言い表せるようになり，それが他の人に伝わったことが分かると，言葉は"自分の知っていることを相手に伝える"手段の一つとして積極的に用いられるようになる。
　それゆえに，このころの子どもの表現には，保育者が積極的に応じてほしい。時には指さしや言葉が間違っていても，「そう，目はここね」「Mちゃんの足ね」など正しく表現しなおしながら，まずは子どもの表現意欲を受けとめることが大事であろう。それが，言葉でコミュニケーションを深めることにも，伝えたい思いを伝えられた満足感ともなり，子どもの表現しようとする意欲を，より高めることにもなると思われる。

> 　外に出るのが大好きなF子（1歳7カ月）。いつもは喜んで靴を履かせてもらうのに，今日は「イヤ！」と言って履こうとしない。「みんなお靴を履いちゃったよ」「Fちゃん早くおいでって待ってるよ」と促しても「イヤ！」と座り込んでいる。
> 　「わあ大変，Fちゃんのお靴が泣いてるよ。かわいそう」と靴を持って話すと，「だめ」と取り返して履こうとする。

第5章　言葉かけを中心としての援助とかかわり　93

　F子はなぜ「イヤ！」と言い出したのであろうか。F子には，自分ではこうしたいという意志があったにもかかわらず，保育者が指示したことと一致しなかったため拒否したものと思われる。それは，自分一人で靴を履きたかったのかも知れないし，いつも自分が靴を履くために座る場所に誰かが座わってしまったからなのかも知れない。

イヤ！

　言葉による表現が不十分な1歳児の「イヤ！」が，何を拒否しての「イヤ」なのか，何を主張しての「イヤ」なのか，保育者は素早く，適切に理解するよう努力しなければならない。

(2) 生活の中で

> 　Yは，産休明けから無認可保育所に預けられていたが，1歳4カ月のとき公立の保育所に移動してきた。1週間の慣らし保育が終わり通常の保育に入った朝，「Yちゃん，お靴をテラスに置いてらっしゃい」と指示したが理解できない様子に「あそこに置いてらっしゃい，わかるでしょ」とテラスを指さしながら再度促すと，泣き出してしまった。
> 　新しい生活になじめず不安定なのだろうと思い，その日は別の遊びに誘導したが，翌日「Yちゃん，お靴をあそこに置いてらっしゃい」と促すと，また立ちすくんだまま泣き出してしまった。
> 　Yは次の日，担当保育者が迎えに出ると，顔を見るなり母親にしがみつき泣いて離れようとしない。慣らし保育のときは元気だったのに，どうしてなのか分からず困惑する保育者に，ベテラン保育者が「Yちゃん，テラスがどこのことなのか分かっているのかしら？　あそこって指をさしながら言っても，指先をたどっていくのはまだ無理なのでは？」とアドバイスしたと言う。

1歳も後期になれば,「ここ」「あそこ」などの空間や距離を表す言葉が理解できるようになる。また言葉の示すことそのものが分からなくても,他の子どもたちのしていることをまねして,同じようにする子どももいるであろう。

けれども,ある言葉が理解できないために,園生活すべてが不安になる場合もある。日常生活の中で子どもが理解できる語彙を増やすためにも,保育者は言葉と実物,実体を結びつけて使うよう心がけたいものである。

> 昼寝のためパジャマの着替えを手伝っていると,1歳7カ月のRが保育者のブラウスのボタンをつまみながら「コエ なあに?」と言う。「ボタン」と答えると,次のボタンをつまみながら「コエ なあに?」と言う。「ボタン」と答えると,また次のボタンをつまみながら「コエ なあに?」と言うので,Rのパジャマのボタンをつまみ「Rくんのこれは?」と聞くと,保育者の手を振りはらいはがら「コエ なあに?」と話しかけてくる。

この例のように,答えるのが面倒になるぐらい同じ質問を繰り返すのもこの年齢の特徴である。子どもは繰り返しのなかで言葉を獲得しようとしているのであり,また繰り返し話し合うことで心が通い合うことを確めてもいる。言葉がコミュニケーションの手段として,新しい知識を得るための方法として,さらには感情を豊かに発達させるものとして使われ始めるこの時期こそ,面倒がらずに質問遊びに応じてほしいものである。

1歳児は保育者の使っている言葉を聞き,それを受けとめ,模倣することで言葉を獲得していく。それゆえに,保育者の言葉かけのポイントは,"ゆっくり話しかけること""はっきり話しかけること""短く区切って話しかけること""繰り返して話しかけること"と言える。

3．2歳児とのかかわり

2歳児は社会性の発達に伴い周囲への関心が広がり,"〜ちゃんのしていること"と同じことをしようとしたりする。しかし,自分の要求や感情を言葉で表現することが未熟であり,一緒に遊ぶために必要な言葉(入れて,貸して,あ

りがとうなど)が使えず黙って遊び始めるので,じゃまされたと誤解したり,玩具を取られたと思ってのトラブルが始終見られる。

一方,語彙の増加が著しい時であり,他人の話す言葉をまねしながら自分の言葉として定着させていく時でもある。したがって,"繰り返しの多い""リズミカルな""擬態語,擬声語が出てくる"話や絵本などを喜び,気に入ると何度でも繰り返し要求するようになる。

(1) 遊びの中で

> 2歳3カ月のN子 ブロックで遊んでいる。
> そばに子どもが近づくとじゃまされると思うらしく「ダメ!」と大声で拒否する。「Mくんもブロックで遊ぼうか? 先生と一緒ね」と興味ありげなMと少し離れたところでブロック遊びを始めると,N子が自分でつないだブロックを保育者に持ってくる。
> 「Nちゃんありがとう。今度はMくんにも作って来て。Nちゃん上手だもん」と言うと,Mにも「アイ クユマ(車)」と渡す。うれしそうだが黙って受け取るMの代わりに,「Mくんよかったね。Nちゃんありがとうって Mくんからもプレゼントあげたら?」と促すと,MもブロックをN子に手渡す。頭を下げて受け取ったN子が「ジューシュ?」と聞くとMはうれしそうに「ウン」とこっくりする。

他の子どものしていることに興味があると,言葉よりさきに手が出るのが2歳児である。またこの時期は,嫌な思いをしたり,怖かったことなどが記憶に残り,自己中心的な時とも相まって「イヤ!」「ダメ!」などを連発したりもする。

「イヤ!」「ダメ!」などの言葉は,自分が自由に存分に遊び

言葉より先に手が出る2歳児

たいのをじゃまされたくない思いからであって，友達そのものを拒否してのことではない。

そこで保育者は，感情を表現するには適切でない言葉を使っていたり，一緒に遊ぶために必要な言葉が不足している場合，子どもの気持ちを代弁したり足りない言葉を補うことで，一緒に遊ぶ体験を通し"ともだち"づくりをすすめていきたいものである。

> 2歳2カ月のH子が動物の絵本を持ってくる。「よんで」と言うのでひざに抱き上げ読み始めると，親猿が子猿を抱いている絵のところで急に立ち上がり，保育室の隅から"くま"のぬいぐるみを持ってきて，絵本の絵と同じように抱いたままひざに座わる。「あっ，お猿さんも赤ちゃん抱っこ。H子ちゃんも熊さん抱っこ。おんなじね」と言うとうれしそうに笑いながら「おんなじ，おんなじ……」とつぶやいている。

> 2歳7カ月のKは，アンパンマンの絵本が大好きである。アンパンマンの絵本を読んでもらうときは，一つ一つの場面ごとにアンパンマンのまねをして，保育室の中を走り回ったり，そばにいる人に話しかけるまねをしたり，すっかりアンパンマンになりきって楽しんでいる。

絵本が大好きな子どもたちは次から次に絵本を持ってくる。初めのうちは，絵本を読んでもらうことで，保育者の暖かいひざに抱かれる一時（ひととき）が持てることを望んでなどのこともあり，絵を見ようとせず「もっと」と次々にせがんだりする。そのような状態が続くと，「これは何かな？　ほら見てごらん」「ちゃんと見ないのなら読まないわよ」などと言いがちであるが，絵本を媒介として親しい人とコミュニケーションを持ちたがっている子どもの心をまず受けとめたいものである。

しだいに，絵それ自体が子どもの心に語りかけ，子ども自身も絵本のストーリーの面白さが分かるようになると，絵本の親猿のまねをしたり，アンパンマンの動きをまねするような楽しみ方をするようになる。子どもたちはまねする

ことで，絵本の主人公と自分とを同一視し，自分が主人公になったつもりで絵本を楽しむようになる。したがって，"落ち着かない"ことを注意したりせず，「H子ちゃん お猿のお母さんみたい」「やさしいアンパンマンね。困っている人を助けてあげたのかな」など，子どもの体表現を言葉で肯定していきたい。

　この年齢は，現実と想像の区別がつきにくく，すぐに"その気になって"遊びはじめる傾向がある。それゆえ，子どもたちの心の動きを察知し，それを認めるような言葉を積極的にかけることで，子どもたちの表現意欲を促したいものである。

(2) 生活の中で

> 　昼食になるので「ごはんよ。手を洗ってらっしゃい」と声をかけると，動きの素早いJが手を洗い始めた。後に並んだM子（2歳6カ月）がJの体を押しながら「じゅんばん，じゅんばん」と割り込もうとしている。負けそうになったJが怒ってM子の頭を叩くが，M子は「じゅんばん，じゅんばん」と怯まず向かっていく。

　保育の中では"じゅんばん""かわりばんこ"などはよく使われる言葉である。しかし子どもたち自身，どのような行動をとることが"じゅんばん"であり"かわりばんこ"になるのかを本当に理解できているのであろうか。

　2歳児は，言葉そのものは使えても，実際の行動と結びつかないという場合が多い。M子をJの後ろに導きながら，「そう，じゅんばんね，Jちゃんが済んだらM子ちゃんの番ね」「じゅんばんに手を洗おうね。Jちゃんの次がM子ちゃんね」など言葉を使い，言葉の意味と実際の行動とが一致するようにしていくことが望まれる。

> 　年長組で飼っていた"じゅうしまつ"の卵がかえったので，雛を2羽もらってきた。2歳児クラスの子どもたちは大喜びで，さっそく餌をやりたいと言う。「みんなでご飯をあげると，小鳥さんお腹いっぱいになって，死んじゃうかも知れないでしょ。どうすればいい？」と尋ねると，子どもたちは「じゅんばん」「かわりばんこ」と口々に言う。そこで，「今日はもう

あげちゃったから、明日お願いね」と話すと納得した様子だったが、昼食後にふと見ると、鳥籠の中にパンや果物などが入っていて驚いた。

　子どもたちは事あるごとに「じゅんばん」「かわりばんこ」などと言う。それは、集団生活の中で必要な言葉であり、それゆえに頻繁に使われる言葉であるからかも知れない。
　この例でも「どうすればいい？」と問いかけた保育者に、「じゅんばん」「かわりばんこ」と答を出している。しかし、その答は、言葉として覚えているだけであって、言葉どおりに行動できるとは限らない。箱ブランコから降りようとしないY子（2歳5カ月）を他の子どもたちが降ろそうとひっぱると、Y子は「ばんこ、ばんこ」と泣きながら、降りようとせずにしがみついていた、という例もある。
　「今日は先生が小鳥さんにご飯あげてしまったから、もうあげられないの。明日〇ちゃんにあげてもらうわね。その次は〇ちゃん、その次は〇ちゃん、みんなで"かわりばんこ"ね」「Y子ちゃんたくさんブランコに乗れてよかったわね。さあ、今度はTちゃんの番かな？　TちゃんやK子ちゃんが乗ったら、またY子ちゃん乗ろうね。"かわりばんこ"ね」など、その言葉の意味がどのような行動をとれば良いことなのか、その場その場で具体的に分かるように言葉をかけていきたい。

4．3歳児とのかかわり

　3歳児は0，1，2歳児の赤ちゃんらしさに比べ、幼児らしくなっていく時期である。片言で伝えようとしたり、赤ちゃん言葉や幼児音が多かった話し方から、文章も構文的になり、話し言葉は一応完成する。また、3歳以前が語彙獲得期であるのに対し、3歳以降は「ぼくと〜ちゃんは青い服と青い服だから同じ」などの対概念や、「ねずみは小さいけれども、象は大きい」などの反対概念が理解できるなど、言葉の抽象化が見られる時でもある。
　言葉で指示したことも分かり、言葉で納得できるようにもなるが、生活経験、感情・情緒の分化・発達などの個人差が言葉の上でも大きく影響を及ぼす時であるので、一人一人の言葉の育ちをしっかりとみつめていきたい。

(1) 遊びの中で（それぞれの自己表現を受けとめる努力を）

> 　6月の幼稚園でのこと。入園したころの"ばらばらな状態"から，少しずつ落ち着いた状態に安定してきた様子である。園庭の隅に4〜5人固まっているので行って見ると，アジサイの葉の上にカタツムリを見つけHが取ったとのこと。K子は「カタツムリがかわいそう」と逃がすよう勧めたらしい。Y夫にも「いけないんだよ。生きてるんだから」と責められ，Hは自分の気持ちが言えずに泣き出してしまった。

　K子はHがカタツムリを取ったことを"いけないこと"と思ったようである。そして，K子の言葉にY夫や他の子どもも同調した。3歳児は，自分で判断する力がまだ十分ではなく，誰かの言葉に影響される傾向が強い。
　保育者が「かわいいカタツムリね。お友達みんなに見せてあげようか」と言うと，K子もY夫も自分がカタツムリを見つけたときのことを，われがちに話しはじめた。
　このような場合，友達を責めるような言葉を用いていても，この年齢ではまだ取り上げる必要はない。保育者が「そんなこと言わないの。Hくんがかわいそう」などと言うより，保育者自身の言動を通して，Hのカタツムリを見つけたときのうれしさや喜びが周囲の子どもたちにも分かるようにしていきたいものである。
　また，集団の場では，積極的に自分の感情や経験を主張する子ども，言いたい思いはあるのに言葉として出せず「あのね，あのね……」を繰り返す子ども，周囲の雰囲気に圧倒され黙ってしまう子どもなど，3歳児は言葉での対応能力に非常に開きがある。その傾向をつかんで適切

発達の個人差を受けとめる努力を

なかかわり方をすることで，自分の言いたいことを言うだけでなく，相手が話したいと思っていることも聞けるようにも仕向けていきたい時でもある。

(2) 遊びの中で（死と対面して）

> 保育室で飼育していたザリガニが死んだ。園庭の片隅の墓に埋めようと土を掘っていると，アリの巣があったのか，アリがいっぱい出て来た。それを見たK男が「ザリガニが食べられちゃう」と言うと，保育者は「だいじょうぶ。アリさんよりザリガニのほうが大きいのだから，食べられないわよ」と話した。そして，ザリガニに土をかぶせはじめると，K男は涙ぐみながら「食べられちゃうよ。食べられちゃうよ」とつぶやいていた。

金魚の墓に水をかけているので尋ねると，「だって，のどが渇いたら，かわいそう」と応えたという例があるように，感情豊かな3歳児は，思いがけない発想をし，思いがけない表現をしたりする。

保育者は，子どもの感性を心から受けとめて欲しいし，少なくとも受けとめるよう努力して欲しい。

K男の「ザリガニが食べられちゃう」との思いを「ほんとね。食べられたらかわいそう」と受けとめ場所を変えるだけで，K男は自分の気持ちに保育者が共感したとの思いで安堵し，満足感を抱くであろう。

保育の場では感動や驚きを共感し，共有しあえることが互いの結びつきを強くすることを忘れてはならない。

(3) 集団活動の中で（"みんな"が分からない集団初期）

> 3歳児4月の保育室で新入園児22名を前に，保育者が子どもたちに〜組に所属していることをどのように伝えようか苦労していた。
> 「AちゃんもBちゃんも〜組のお友達だし，FくんもKくんも〜組のお友達。ここにいる人はみーんな〜組のお友達だけど，みんなの名前を呼ぶのは大変だから，"〜組さん"と言ったらみんなでお返事してね」と言い，「〜組さん」「ハーイ」というやりとりを何回か繰り返し，クラスの所属が理解できるよう試みた。

> 　2〜3日後,「おやつにしましょう。お手洗いに行きたい人は,みんな行ってらっしゃい」と言うと,数人は行ったものの後の子どもたちは一人ずつ「わたしも行っていい？」「ぼくは？」などと聞きに来て,"みんな"が分かっていないことに驚いた。

　幼稚園の3歳児は,ほとんどの場合集団生活を初めて経験する。今まで家庭で生活してきた子どもたちにとって,集団生活でよく用いられる言葉は,実際にどの程度理解されているのであろうか。
　"みんな"という言葉は知っていても,それは自分のことではなく,自分は"〜ちゃん"であって"みんな"という中に含まれるとは認識していない。
　「〜組さん」「みんなで使いましょ」「みんな,なかよくね」などよく使う言葉がどういう内容を表す言葉なのか,保育の中での身近な例を通して,また絵本や紙芝居などの具体的な場面を通して,繰り返し理解できるように働きかけていくことが集団の初期には必要であろう。

(4)　集団活動の中で（コンプレックスをもたらす言葉）

> 　11月に保育実習に行き,3歳児クラスに配属された実習生の記録である。
> 　おしゃまな女の子に「早くみんなとなかよしになりたいから,いろいろ教えてね」と言うと,「Cちゃんは一番遅い子で,Eちゃんはちょっとお馬鹿さん」と教えてくれた。驚いて「どうして？」とたずねると「どうしても」という返事。だが実習中に担任の保育者が「Cちゃん,済んだかな。まだ？　早くしてね」「できた人は手をあげて。Eちゃんもできた？」などの言葉を頻繁に使っているのに気づき,原因の一つではないかと思ったという。

　前にも述べたように,言葉の理解程度は個人差が大きいものである。そのうえ大勢の中では,みんなと一緒に聞く習慣がついていないため,自分に話された言葉として受けとめられない子どもや,言葉そのものは理解できても,行動に移せない子どもなどさまざまである。

この年齢では，大勢の中でも保育者の問いかけや話しかけが受けとめられ，その子どもなりの対応をしようとすることが大切なことである。
　"できた"ということは自信につながり，意欲や活動へのエネルギーになるが，"できない"ということは意欲をなくし，コンプレックスを育むことにもなりかねないので，「まだ？」「できない？」などの言葉は慎重に使いたいものである。

5．年少児の年長児とのかかわりの中で

(1)　2歳児と5歳児のかかわり

> 　小春日和の午後，昼寝から目覚めた2歳児にテラスで着がえるよう誘導していると，T（2歳4カ月）がパジャマのまま庭に出て行ってしまった。「Tくんおいで。パジャマのままで遊んでいたら，おかしいよ」と声をかけても知らん顔で，裸足のままスベリ台に向かう。スベリ台の階段を昇りはじめたTに，そばにいた女の子が2人「先生が呼んでるよ」「いけないんだよ。裸足で出てきちゃ」などと注意してもTは応じない。
> 　反対側からスベリ台を昇ってきたA（5歳児）が，Tが昇ってくるのを待って「おいで，一緒にすべろうね」と言いながら，自分の脚の間にTを挟むようにしてすべり降り，後ろからTの肩に手をかけ「汽車　汽車　ポッポ　ポッポ……」と歌いながら保育室まで誘導していく。

　このような場合のかかわり方は，どうすることが良いのであろうか。
　Tは年長児（A）の対応に遊びたい思いが満たされ，満足して保育室に戻ったに違いない。そのTに「お兄ちゃんと一緒に遊べてよかったね」「Aお兄ちゃんに"ありがとう"しようね」など，年長児（A）の優しさに気づくような言葉をかけていきたい。またAには「年長さん，ありがとう。Tくんが喜んでいるわよ」「親切ね。これからも〜組のお友達をよろしくね」など，Aの小さい子へのいたわりの気持ちを認めるような言葉をかけたいものである。
　そうすることでAは，自分が自主的にとった行動が適切だったことに自信を持ち，次の場面でも自然な気持ちで優しさが発揮できるのではないだろうか。

保育の場では，具体的に言わなくても分かりあえる人間関係が育まれている段階もあろう。しかし，なるべくなら具体的な言葉を添えることで，子どもの行動を認め，それにより社会的適応行動力を育てるようにしたいものである。

(2)　3歳児と5歳児のかかわり

　3歳10カ月のHが"三輪車"に乗って遊んでいるところに3歳4カ月のY子が来て，Hをひきずりおろし自分が三輪車に乗ろうとした。

　Hが必死になってY子にしがみついているのを見た年長児のGが，「けんかしちゃダメ！」と言いながらHをY子から引き離した。

　泣き出したHに向かって保育者が「Hちゃんが悪かったのではないよね。Gくん　間違えたみたいね。『ぼくが悪いんじゃないよ』って言ってらっしゃい。先生はここで見ているから」と声をかけた。励まされたHは，Gの遊んでいる所に行き，「あのね，Y子ちゃんが取ったの」と必死になって言ったらしい。

　「そうか，ごめんな」とGに頭を撫でられ戻ってきたHを抱きとめた保育者の胸に，Hの動悸が伝わってきて，胸が熱くなったという。

　「良かったね」と抱きしめられたHは，また泣き出してしまった。

　自分は間違ったことをしていないと悔し泣きのHに，保育者は必要なことははっきり相手に伝えるよう励ましている。

　集団生活の中では，自分の意志や要求を必要に応じて言葉で表現できることが大切である。

　「先生　見ているから」との言葉に支えられ，緊張しながらもGに話に行ったHは，Gに謝られホッとしたり，分かってもらえてうれしかったり，さまざまな思いがあったのではなかろ

年少・年長のかかわり

うか。さらに、年長児に向かっていけた自分自身への驚きもあったであろう。その思いが、保育者に抱きとめられたときの涙になったのだと思われる。

そのようなHの感情のすべてを言葉に置き変えて受けとめることは無理であっても、言葉にならない思いを共有することで人間関係は深まり、それをベースにして表現意欲はたかまっていくのではなかろうか。

言葉は子どもたちが日常生活の中でさまざまな要求を満たし、生活そのものに適応していく過程で必要とされ、使われていくものである。そうすることで子どもたちは、言葉を使いながらコミュニケーションを広げ、多くのことを認知し、感情のコントロールもできるようになっていく。

語彙を獲得し、話し言葉が一応できかかるこの時期は、語彙の数を増やすことや誤った表現の訂正などに力を入れがちであるが、温かい人間関係、安心して甘えることができる人間関係をつくることと、子どもたちの生活そのものを豊かにするよう心がけることが大切である。

II　4・5歳児の活動と保育者のかかわり

乳幼児期は、表現力・言語感覚を育てる最も大切な時期だといわれる。子どもは、遊びの中で友達や大人とのかかわりを通してたくさんの言葉を模倣し、記憶し、思考しながら、言葉の数 (vocabulary) をふやし、自分の言葉をつくりだしていく。

乳児期から幼児期にかけ、子どもたちは急速に言葉を獲得していくが、4～5歳になると、一応の完成期を迎える。すなわち、自分の思っていること、感じていること、要求などが、ほぼ言葉で表現できるようになるわけである。

また、この時期は、それまで家庭にいた子どもたちも、集団生活を始める。集団生活をするにあたって、保育者や友達の話を聞いて理解すること、自分の考えを人に分かってもらうという言語活動は不可欠のものと言えよう。また、それと同時に、この集団生活は、言葉の発達の有効な場ともなりうる。

たとえば，言葉を使って友達と共通のイメージをもって遊んだり，協力したり，役割分担をするなど話し合い，また，みんなで一緒に保育者の話を聞いたり，絵本や紙芝居を見る，みんなの前で自分の考えを述べるなどが考えられる。

　また，それ以上に，子どもどうしの会話や遊び，保育者のごく自然な言葉かけや環境設定が，どんなに子どもの言語生活を豊かにしていくか。筆者の保育者養成，あるいは保育者としての体験の中から，以下いくつかの例をあげながら考えてみよう。

1．集団活動の中での言語活動

　一人遊びではなく，何人かの子どもが協力して遊ぶ場合には，言葉は不可欠なものである。子どもが協力し，役割分担し，考えたり，工夫したりして遊ぶ中では，おのずと言語活動もさかんになる。

　ここでは，3つの例を通して，その様子をみてみたいと思う。

〈砂場の遊び〉

　　子どもは砂場の遊びが好きだ。晴れた日の大半は砂遊びに余念がない。年少児は砂場のふちに砂型で抜いたプリンやおだんごを並べている。こんなとき保育者の，
　「あら，おいしそうなプリン，おだんごもあるじゃない，一つ売ってね」
の言葉かけで，
　「あ，ケーキ屋さんごっこしよう」
　「おせんべいがありますよ」
　木の葉を持ってくる。
　「あられもあるのよ」
と，木の葉のお皿にのせた小石……と，みるみるうちに遊びがにぎやかにのびのびと展開する。自由に作ったりする楽しみの中から，見たもの，聞いたものに新しい形を作り出すことを子どもたちは少しずつ学んでいく。
　「ぼく，山を作るよ」
　「もっと掘れよ」

> 「水を汲もうよ」
> などと仲間づくりができて友達遊びをますます楽しくし，また，協調心も芽生える。水や泥がかかってもけんかにはならない。
> 「ごめんね」
> クシャクシャな顔で，
> 「いいよ」
> と笑いあうことなど，よく見受けるほほえましい情景である。

この事例でも分かるように，集団の中で協力して遊ぶには，言語活動は欠くことのできないものである。数人の子どもが，一つの遊びを展開できるようになるのは，3歳過ぎからであるが，いろいろな精神面の発達とともに，言葉の果たす役割も大きい。

遊びをどのように進めるか話し合ったり，役割を分担したり，言葉を通して協力して遊ぶことの楽しさを知るようになる。また，一緒に遊ぶことにより，自分の考えを伝えたり，人の意見を聞いたりと，必然的に，言葉を使うことになる。

このように，数人の子どもが遊ぶときには，必ず言語活動が伴うことになり，遊びが活発に展開されれば，おのずと言語活動もさかんになる。

今まで家庭が主な生活の場であった子どもたちにとって，子どもどうしの関係が大きく育つ場として大切である。

砂場での遊び

〈ままごと遊び〉

> ままごと遊びも子どもの大好きな遊びの一つである。起床，朝食，登園から夜ねるまでのさまざまな出来事がそこには実現される。子どもたちは

それぞれお父さんの役・お母さんの役になりきって大活躍，ふだんはあまり話したがらない子も遊びにとけこんでキャッキャッと興じている。

　役割をみていると，お母さん役はクラスでもリーダー的な子がなることが多く，つづいてお姉さん赤ちゃん役と序列がある。赤ちゃん役は，早生まれの子どもや小さいクラスの子どもがなることが多い。またお父さん役は女児から人気のあるやさしい男児が推されるのも面白い。

　このようにして遊びのなかに表れる子どもの言葉・態度・行動などから，日頃子どもが両親や家族の者にどのように扱われているか，また，両親や家族の者をどう見ているかがわかるので面白い。なお子どもたちがそれぞれ家庭内の人間関係に満足しているか，不満や願いはどのようなところにあるかということなどもある程度理解できるのである。

　「デパートへつれていって」というような願いや，「お父さん新聞ばかり読んでいないで，たまには赤ちゃんを見てください」お母さん役はカナキリ声でわめくなど。日頃は家族に世話をやかれることの多い子どもが，ここでは自分がリーダーになって自分の思うままに周囲を動かせることが何よりの魅力なのだろう。保育者は遊びのかげにひそんでいる大切なものを見直し，時にはお客さん役にでもなって遊びのなかに入っていくことも大事である。子どもたちの心の奥底を観察することも意義あることなのだから。

　きょうも4歳児が楽しげに遊んでいる。
　「おい，お母さん，おれ出張に行ってくるぞ」
　「あなた，お金ありますか」
　「銀行からおろしていくよ，これだけ」片手をつき出す。
　「ハンカチもった？」
　「ああ，もったよ」

　この事例のように，ままごと遊びは，子どもの家庭の様子の再現活動である。そして，数人の子どもがその役になって遊べるのは，それぞれの家庭がそれほど大きな差がないので，共通のイメージをもって遊べるわけである。
　また，ままごと遊びの中の言葉づかいを観察していると，役割に合った言葉

づかいがしばしば見られる。子どもたちは，父親（男性）の言葉，母親（女性）の言葉の違いや，また，赤ちゃんの言葉の違いを驚くほど把握していることが分かる。そして，ごっこ遊びで，その役になることによって，言葉を実際に使って獲得していくものと思われる。

　このような意味で，言語面からも，ごっこ遊びは，現実とは違う役割を通し，言葉を使用し獲得していくうえの大切な遊びと言える。そのためには，保育者は，ごっこ遊びが十分に発展できるような保育環境を準備すること，また時には，お客様として参加したり，遊びが発展するように助言することが大切である。ごっこ遊びの場合，遊びが発展することが，すなわち言語活動の発展とも言える。また，さらに言えば，ごっこ遊びの場合，いつも役割が固定してしまわないよう，保育者がクラス内の子どもの力関係やまとまりを調整しておく必要があろう。

〈イモリのおなか〉

　幼児期は言葉の獲得期である。子どもが言葉でコミュニケーションができ，言葉で考え，自分の行動を調整できるようになると，幼稚園や保育所での子どもの集団生活は，素晴らしく豊かになる。筆者の思い出のなかでも，幼児の素晴らしい言葉が生き生きと蘇えってくる。

　たどたどしい幼児の言葉，だが，そこには豊かな詩情や鋭い批判がある。幼児の言葉は瞬間的なもので，活動的な幼児たちは，いま言ったことを，すぐ忘れて遊びに夢中になる。すぐ消えてしまうだけに，耳を傾け共感して，ものの感じ方やとらえ方を豊かな情操へと伸ばしたいものである。

　いつか子どもたち（4歳児）と河原へ行ったとき，彼らの1人が，イモリを1匹見つけた。この怪物は，どうも筆者は気持ちが悪くて苦手だったが，子どもたちは大喜びで，空かんの中をのぞきながら砂ぼこりの長い道も，「こんどはぼくが」「わたしよ」と交代でかかえてかえった。水槽に入れてからは，毎日，「イモリさんおはよう」「さようなら」とお友達のように話しかけていたが，じっと見ていたK（4歳児）が，

　　「イモリのおなかは夕焼みたいにきれいだね」

と，私（筆者）を見上げて言ったのではっとした。あの不気味な色からも美しさを見出し，それを見事に表現していた。

　Kは，日頃から生物に興味を持っている子だったが，ただ，セミを残酷に殺したり，カメの餌にするといって掘ってきたミミズを団子のように丸めて女児たちにぶつけて喜んだりする，やや乱暴な子どもだった。私は，彼の生物への関心や自然への興味が，思いやりや優しさの伴った方向へ育ってほしいという願いで，しばらくの間，特に飼育の手伝いをしてもらいながらかかわってきた。イモリを見つけた河原行は，そうした時期のある日のことであったのである。

　イモリを園につれ帰ってからは，Kは飼育当番を自らかって出て，
「先生，ぼく来たときイモリさん寝ていたよ。でも，ぼくが『おはよう』って言ったら動いたよ」
とか，ある日，みんなのおしゃべりで部屋中が騒がしかったとき，
「さわぐとイモリさんがおどろいちゃうよ，みんな，さわぐな！」
などと人一倍イモリに愛情をそそいでいた。

　私は，そんなKを，胸あたたまる思いで眺めていた。事例の中のKの言葉は，彼のそうした日々の中から生まれてきたものであった。子どもの言葉には，ストレートに心が表れる。Kの中に育った，あるいは育ちつつある生物への思いが，見事な表現となって言語化されたのであろう。

生物とのふれあいの中で育つ

2．保育者の援助とかかわり

　保育者のかかわりとしては，まず第一に，子どもの話しかけを受けとめ共感することが大切である。共感することにより，子どもと保育者の信頼関係は深

まり，また，子どもに話したいという意欲を持たせることにもなる。
　そのうえで，子どもの様子を十分に把握し，適切な助言を与えることにより，子どもの活動は発展し，充実したものになる。さらに，必要に応じて，保育者が環境を準備したり，提案することによって，望ましい活動を展開することができる。
　ここでは，保育者のかかわりとして，共感すること，助言すること，活動の機会を提案することの3点を事例を通して考えてみたいと思う。

(1) 子どもの言葉・表現への共感

〈虹を見たよ〉

> 　よく，初めて幼稚園に実習に出た学生の報告に，
> 「子どもから，『ぼく，昨日，虹見たよ』と言われても，『そう，よかったわね』と言ったきり後の言葉が続けられなくて困りました。」
> というような例がある。
> 　この例の学生の場合には，一人っ子というせいもあったかもしれないが，調べてみると，「幼児にどのように話したらよいか」「話ができるか」と，日頃から悩んでいたようであった。最近は核家族が多く，弟妹のふれあいも少ないうえに，幼児だからと構えすぎると，かえって自然に話すことが難しくなり，対応もぎこちなくなってしまうものである。また，この学生は「そう，よかったわね」と答え，一応，子どもの言葉を受けとめていると言えるが，このあとの言葉が続かなかったのは，この学生が子どもの気持ちになって，頭の中で虹を思い浮かべ，その時子どもが美しいと思った気持ちに一緒に共感できなかったためであろう。

　そこで筆者は，学生が保育者の立場になって子どもに話しかける練習をしてみた。たとえば例にそって言えば，「先生，ぼく虹見たよ」という子どもの言葉をどう受けとめ，どのような言葉を返していったらよいかを学生たちに考えさせたのである。

すると，学生たちは，
「いつ？」
「どこで？」
「だれと？」
というように，簡単に質問を思いついてくる。「色」，「形」「大きさ」「美しさ」などについても質問としてあげていた。
　さらに共感が持てれば，自分の経験や気持ちから，
「先生も見たのよ」
「こんど　おしえてね」
「どんな気持ちだった？」
「どうして虹が出ると思う？」
など，内容は，希望や，心持ち，自然現象への話題にも広がっていく。保育者は常に子どもの言葉を受けとめ，共感し，共に考えることが第一である。そして，子どもの心を開き，安心して話せる雰囲気づくりに努めることが大切なことなのである。まず保育者が子どもの言葉を受けとめ共感することがなければ，子どもの話したいという意欲もなくなってしまうのである。

(2)　遊びや活動の中での助言

〈地球儀遊び〉

> 「ぼくのおじちゃんね，こんど南極へ行くんだって」
> 「南極って地球にあるんでしょ」
> 「アメリカも日本も，世界中の国があるんだよ」
> 「磁石みたいのがついているので，みんながころばないで遊べるんだって」
> 「太陽が回るもんで，アメリカが暗かったり，日本が明るかったりする」
> 「うんとうんと大きいんだ」
> 「丸くて，下んところに木みたいなものがついているんだよ」
> 　子どもたちの話し声が聞こえてくる。

「先生，ぼくたち地球に住んでいるんでしょ」
「そう，よく知っているのね。お家へ帰ったらお父さんや，お母さんに地球のこときいてごらんなさいね」
　それぞれ家へ帰ってからも地球のことが話題になったらしく，次の日は朝から地球のことが話題となり話がはずんだ。
「ぼくたちのいるところが地球だ」
「北極もあって熊がいるんだって」
「うちに地球儀あるよ」
「下に棒がついていてぐるぐる回るね。日本は赤くて小さいよ」
などと地球儀を話題にする子も多くあったので，とかく抽象的になりがちなこうした問題の裏付けのためにも，いきすぎにならぬよう注意しながら，地球儀で遊ぶことにした。
　大人の手でひとかかえもある，つやつやした地球儀は，どんなに子どもの心を有頂天にさせたことだろう。
「ウワァ，すごい，すごい」
「地球儀だァ」
と，かん声があがった。みんな輪になって，
「この赤い小さいのが日本だゾ」
「アメリカはここだよ」
「ロシアもある」
「アメリカは日本のうしろだァ」
「水色んところは海だゾ。うんと広いナ」
　口々に話しながら，くるくる回して大喜び。みんなよく知っているのに驚かされた。
「みんなの知っている南極はね，いちばん下の，ほら，ここなの」
「上のてっぺんが北極よ」
「白熊がいるね」
「それからね，この青い，ずうっと続いた線が見えるでしょ。これは飛行機の飛ぶ空の道なの」
「アメリカへ行くんだねえ」

「アメリカに行くには，ハワイへよって行くのよ」
「まあ，A子ちゃん，よく知っているのね」
「だってェ先生，あたしの知っているお家あるんだもの。ここがハワイだわ。いつでも夏みたいだって」
指すところはまさにハワイ。
「そう，ハワイへとまるわね。でもなぜ途中でとまるのかしら？　どうしてまっすぐアメリカへ飛ばないの？」
みんな，ちょっと考えていたが，
「ハワイでおりる人があるからでしょ」
「油が足りなくなるから」
などの返事があった。くるくる回して，
「磁石みたいなものがあるから，目がまわりませんョ」
「ハイ，日本ですよ。アメリカですよ。フランスはどこかな？」
ぐる，ぐる，ぐる，ぐる。で，第1日は終わった。あくる日は，みんな早く出てきて地球儀遊びに余念がない。
くるくるまわして，
「ハイ，アメリカへ行きますよ」
「こんどはフランスへ行くんだ。エエトここんところを通って行って――」
と航空路をつたって地球儀は指にそってまわる。
その後航空機遊びはしばらく続いたが，あくる日は，地球儀遊びも表面から内面へ向けるように考えてみた。
次の日，
「地球の中は火みたいに燃えているから温泉が出たりするんだって。」
「地球の中にかたまりがあって，暖かいお水も冷たい水もでるんだって」
「地球の中には日本やアメリカがあるんだゾ」
「中にあるもんか，息ができなくなって燃えちゃうよ。表のところにあるんだよ。」
「まわりに土があって，中に火のかたまりが燃えているって」
「なかに土が入っていて，土が熱くなって爆発して煙がでるんだ」

> その後子どもたちは，三宅島が爆発したテレビのことを思い出し，火山の爆発や地球の歴史にまで話題は発展した。

　この事例では，「ぼくのおじちゃん，こんど南極に行くんだって」という言葉から，子どもたちが地球のことについて，おしゃべりが始まったのを，保育者は，じっと聞いている。そして，子どもたちの多くが地球に関心を持ったのを見計って地球儀を準備した。もし，もっと早い時期に保育者が地球儀を出して，「南極はここよ」と示したならば，この事例のように，数日にわたり多くの子どもたちが関心を示す活動にはならなかったであろう。ここでは，保育者の機会を得た働きかけが，いかに子どもの活動を展開させるのに有効であるかがよく示されている。

　また，この話題は，5歳児にとっては，かなり高度な話題にもかかわらず，それぞれが知識を出し合い，数日にわたって興味を持ち続けている。さらに子どもたちの会話の中で，新しい知識を家で得てきた様子がうかがえることからも，その関心の強さが分かる。これほど，地球に興味・関心を持って長時間話題となったのは，子どもたち自身が関心を持って取り上げた話題だったからと言えよう。

　このように保育者は，まず子どもたちの興味や関心が何にあるのかを十分見きわめたうえで，適切な助言や環境を準備することが大切である。それができたならば，子どもたちは自らの力で知識を得，お互いに情報を交換し，活動を深める力を十分に発揮することが可能なのである。

関心を持てば自ら知識を得ようとする

⑶ 言葉の発達を促す機会

〈腰かけごっこ〉

「きょうはこの椅子で腰かけごっこして遊びましょう」と言ってみんなの前に椅子を掲げる。
　「だれか，この椅子に腰かけてください。はい，いまＳ子ちゃんが腰かけましたね。今度はだれか出てきてＳ子ちゃんと代わって腰かけてください。そのとき，何と言ってＳ子ちゃんに代わってもらったらいいかしら……さあ，いい言葉を考えついた人は出てきてくださーい。」
　みんな考える——。
　「はい，はーい」
と手があがる。Ｂ夫出てきて，
　　「Ｓ子ちゃん，お話があるんだ。そこの座っているところ，どいてくれないか」
　「いいわ」で交替。こんどはＢ夫が腰かける。するとＣ男が，
　　「Ｂ君どいてもらいたいよ」
　　「はい」
でまた交替。——この調子で３人ばかり交替する。そこで，
　　「……まあみんなすぐかわってあげるのね。もうちょっと考えて，どうしてもどかなければならないようなことを考えてください」と示唆をあたえる。
　　Ｒ「Ｆ君遊ぼうよ。スベリ台で」
　スベリ台と聞いてすぐ立つ。ここで幼児対幼児から第三者となる「物」が出てきた。
　　「こんどは先生が腰かけるわよ」と座る。
　　「○子ちゃんどいてよ。ぼくかけたいの」
　先生というよりは友達のように保育者の名を呼んだら立ってくれるかと考えたらしい。
　　「いやです。私，もっと腰かけていたいの」

> 彼，頭をかいて退場。
> T子「先生，園長先生が御用があるんだって」
> 「あ，そうですか」
> と立つ。
> G子「先生，お電話です」
> 第三者としての「人物」「物」で出てきた。つづいて，
> M「Tちゃんが行方不明になっちゃったって，さがしてください。」
> 「それは大変」立ち上がる。
> このように椅子一つ使っても幼児に考えさせる遊びができる。

　この時期の子どもたちは，考えること，すなわち言葉の獲得となりえる。また反対に，大人のように頭の中で考えるのではなく，言葉にしながら，思ったり，考えたりするのである。

　この事例では，簡単な遊びの中で，子どもたちに考える機会を与えていると言える。まず，はじめは，人に代わってもらうためには「どいて」とか「かわって」と言うことは，集団生活のルールとして，みんな分かっている様子が分かる。そこで次に保育者が交替するための必然的な理由を考えさせている。これに対して子どもたちは，「スベリ台」とか「園長先生」というような理由を一生懸命考える機会となっている。

　この事例では，保育者が意図的に，遊びをつくって考えさせる機会を与えているが，子どもの集団生活の中には，実際に考える必要のある場面はたくさんある。たとえば，けんかをした時や，数人の子どもが集まって遊びを始めようとする場合である。このような時，保育者は，できるだけ子どもどうし考えたり，工夫したりできる機会としたい。すぐに助言するのではなく，子どもたちの様子を十分観察し，そのうえでもし必要があれば，すぐに答を出してしまうのではなく，子どもたちの考えが発展するような助言を与えることが大切である。

〈お話づくり〉

　年長組になって2カ月くらいたつと，生活も軌道にのり，グループ意識がたかまる。遊びも豊富になって，協力してごっこ遊びなど集団遊びに取り組むようになる。表現力や思考力も伸びて身辺の事物や現象の変化に対して興味や関心を持ち，すすんで図鑑を見るようにもなる。磁石や虫めがねで遊ぶ，テレビのクイズ番組を考えるなど，工夫しようとする姿勢が目立ってくる。

　そしてそれらが保育者への質問になってあらわれてくるので，保育者はそれを受けとめて，一緒に物に取り組む構えをみせて，子ども一人一人の育ちを支えてやる機会としたいものである。

　このころは天候の関係で室内遊びに片寄る時期でもあるので，雨の日を楽しく過ごす工夫として次のような遊びを考えてみるのもよい。

　子どもたちが日頃身近に感じたり知っているものを取り上げて，子どもなりのお話づくりを試みてみた。

　子どもたちに，「"カエル""ウサギ"という2語をつかってお話をつくってみましょう」というと，すかさず一人がとび出してきて話し始めた。

　「カエルがピョンピョンとんできて動物園へいったの。ウサギさんのところへいったの。カエルさんが『どうしてこんなところにいるの』ってきいたの。ウサギが『そりゃあ，あたりまえだよ。ウサギは動物園にいるんだもの』カエルが『そうか，ぼくは知らなかったんだ』といって，カエルのおうちへかえっていったの」

　こんどは"カエル""オタマジャクシ"で話を考えてみた。

　「カエルのお姉ちゃんがオタマジャクシの弟をつれてどこかへ遊びにいこうかと思ったの。一番はじめにカンガルーさんにあったの。『おなかにふくろがあるんだな，ぼくたち知らなかったよ』　そしたら，『まためずらしいものあるんだね』ってお姉ちゃんが言ったの。そして『カンガルーとぶんだね』って言って，『じゃあ，まためずらしいもの見にいこうか』　そしたらこんどはウサギさんにあったの。『ウサギさんもはねるんだな，耳も長いんだね』『じゃあ，まためずらしいもの見に行こうか，こんどは池のなか

> のお友だちに会おう』。ヘビさんが,『カエルさんか,いっしょに遊ぼうよ』そしたら『君はせなかにしまがあるんだね,ぼく知らなかったよ』って言ったの。おわり」

 すばらしい表現力である。このようなことは子どもにとって楽しい遊びであるばかりでなく,それぞれ子どもの性格,要求,不満など内的生活も保育者は知ることができる。もちろん,自分の考えていることをまとめて表現する力や語彙を豊かにし,日常の会話を円滑にするためにも,さらに将来,文章をつくる能力をのばすためにも役立つと思う。
 みんなでお話をつづけていくことも面白いだろう。
 ただし,すべての子どもがこのように長いお話が作れるわけではない。子どもの中には話したいと思っても表現できない場合もあるので,そのような子どもには個別に話す機会をつくりたいものである。

〈劇 遊 び〉

 幼児には活動(遊び)を通した指導の方が,言葉で言いきかせるような指導よりもはるかに成長に結びついていく。そこで,日常起こるいろいろな場面を取り上げて,劇遊びのかたちで行うと,楽しい,なごやかな雰囲気のうちに幼児の言語活動も豊かになり,自発性を高めることもできる。

> 「うちの子は言い出したらきかないので,ついねだり落とされてしまいます。」というお母さんたちの声をよく耳にするので,おねだりの実際場面を劇遊びの形でやってみることにより,なごやかな雰囲気の中からその辺りの解決法も見出すこともできればと試みてみた。
> 子どもたちに,「みんなおうちでおねだりするでしょう。どんなふうにして,何をおねだりするのかしら,劇でやってみましょうか」と言うと,大喜びで話し合いのうちに,お父さん役,お母さん役,子ども役と,それぞれの役割が決まった。
> ここで子どもたちと約束したのは,おねだりの場面をやるということだけで,筋の運びはすべて子どもの空想の世界で,自由でということである。

劇は，子どもの帰宅の場面から始まった。お父さんは座って新聞を読んでいるまね。お母さんは編物をしている。
「ただいま」
カバンをはずして，脱いだ上着とともに柱のクギにかける。手を洗って，
「お母さん，アイスクリーム買ってよ」
「いけません」
「ねえ，買って」
「いけませんてば，今度ね」
「ねえ，買ってよォ，今でなきゃいやだ。買ってェ」
「お父さんに聞いてごらんなさい」
「お父さん買って」
「いけません，おなかをこわすぞ」
「だいじょうぶだよォ，買ってェ」
「イケマセン」
一言ずつ言って新聞の上から顔を出してにらむまね。すると子どもはさっとお父さんの後にまわって肩をもみはじめた。とたんにお父さんは，
「50円のを買ってこい」
子どもは，跳び上がって，まわりの見ているお友達のところへ行って，
「こんにちわ，50円のクリームちょうだい」
お友達「ハイ」と渡すまね。すぐ戻ってお父さんに見せてうれしそうになめる。
するとお父さん，「オレにも買ってこい」で大笑いの中にストップした。

演じる子どもたちは，日常生活の中でこのようなことは体験しているので，劇は無理なく運ばれ，見ている子どもたちも，それぞれの役割について適切な批評を加えるので，家庭生活の一断面が分かる。おねだりの場面では，必ず母から父へとバトンが渡されるのが普通であり，「今度買ってあげる」というその場逃れの空約束が安易にしつけの一方便にされていることなど，大人も反省させられたりする。また，(100円のではなく) 50円のを買ってこいというあたり，なかなかユーモラスで面白いと思われるし，案外家庭にありがちな生活の一コ

マであろう。

ここで、劇遊びを取り上げた理由について考えてみよう。たとえば、生活習慣上のことについては、今までは親たちが、「子どもをしつける」というように上から下へ言いきかせる形がとられていたことが多い。しかし最近は、この上下関係は社会全体でも薄れてきている。その代

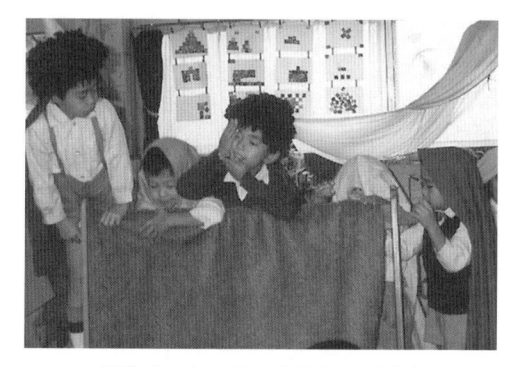

劇遊びの中で育つ表現力や思考力

わりに話し合いによって何事も解決するという動きが目立ってきた。それは何かを理解する場合、一方的に説き明かすよりは話し合いの中で理解し合っていくほうが、ずっと効果のあることが分かってきたからだと思われる。そこで、このような人間関係の中で大切になることは、お互いに相手の立場を認め合いながら、自分の考えをきちんと相手に伝えていくという姿勢の確立である。そのためには、幼児期からそういう考え方の基盤を生活の中で身につけていく必要がある。劇ごっこは、子どもがいろいろな役を交代でやることによって、その役の立場に立って自ら考え行動し、発言をしていくので、その子なりの思考力や理解力、表現力を育てていく経験の場にもなる。

もちろん、劇遊びは創造的な面白さがあるので、子どもはみんなやりたがるし、演ずる子はもちろん、見ている子どもたちも楽しみながら相手の立場でものを考えることや、話しの仕方、観察力を育てていくことができるのである。

3．文字への興味の発達

4～5歳児になると、文字に興味を示す子どもも現れてくる。このころになると、すらすら読めたり、字の書ける子どももいるし、全く興味を示さない子どももいるなど、その姿はさまざまである。

もちろん、すべての子どもに無理に文字を教え込む必要はないが、機会をみて、文字に関心を向ける活動を取り入れていくのもよいことであると思われる。

ここでは、2つの事例を通して考えてみたい。

〈絵本を見てのお話づくりや絵本づくり〉

　絵本を読んでもらっているときの子どもたちの瞳ほど，美しいものはない。彼らはお話の主人公になりきって，空想や憧れに頬を輝かせている。絵本を媒体としてそのお話をただ理解するだけでなく，それ以上の大切なものが子どもたちの心の中に育っていくはずである。たとえば，立場を変えて，画面の内容を幼児から話してもらうことも面白いだろう。

　「先生，絵本読んで」という子どもたちにかこまれて，保育者が絵本を取り上げると，お母さんが，いまにも笑いくずれそうな子どもの内緒話を聞いている画面にぶつかった。
　「この子は，お母さんに何をお話しているのかしら？　先生聞きたいナ」とたずねると，
　「ぼく，ぼく」
　「あたし，あたし」
と一人ずつ出てきて，保育者の耳に小さな口を近づけるように，画面の子どもにそっくりな恰好で内緒話をしてみせる。くすぐったい耳をがまんして，ちょっと聞いてみると，
　　S夫「あのね，お母さん犬小屋つくりましょうって」
そう言えば，S夫君は犬を飼いたがっていたっけ。
　　Y彦「自転車かってね」
　　N子「おばあちゃんのお家へつれてってね」

　子ども一人一人の今の興味や関心のありようで，反応はいろいろある。が，このようなことは子どもの要求や心の動きを知るきっかけにもなる。
　幼児の言語指導に絵本の効用は計りしれないが，子どものお話づくりに発展させていくのも大変意義のあることである。
　最近は文字のない絵本も豊富に出ている。この種の絵本は絵を見て子どもが考え，楽しく見ながら想像力を豊かにし，創り出す喜びにもつながる。大きくなって読書に伸びていく土台にもなるので大切に考えたい。
　また，さらに発展させて，子ども自身に4ページ程度の絵本を作らせてもよ

い。本当の絵本のように，絵と文字で表現してもよいし，また，絵だけで表現し，お話は言葉で言ってもかまわない。このような機会をつくることによって，文字への興味のあまりない子どもにも，文字への関心を育てていくよい機会になると考えられる。

〈親と子の手紙の交換〉

子ども自身が自分の気持ちを表現し，伝え合いの喜びを味わい，また社会性の視野を広げ，表現力を豊かにしていくためにも，「親と子の手紙の交換」は楽しい行事活動の一つとしてとりあげたい。

お正月の年賀はがきから発展した"ゆうびんごっこ"が，お母さんあてに出したいという発展をして実現のはこびとなり，始められた。子どもたちが，一生懸命にかいたたどたどしいはがきの一枚一枚は，そのまま大切にしまっておきたいほどである。

子どもたちからの母親へのハガキの内容は，

M也——おかあさん，ぼくはきょうからおるすばんします。

K彦——おかあさん，あさおきるときつらいでしょう。ぼくもおきるときつらいよ。

H男——おかあさんおしごとてつだってあげます。だからたのしみにまっててください。

Y子——わたしはおかあさんがだいすきです。おかあさんはどうですか。

T子——おかあさん。きょうのおやつはなあに。

など。対象は5歳児，文字の書けない子は絵をかく。または，こういうことを書いてくれといってくる。文字の書けないことの抵抗はない。

消したり書いたりしてうす黒くなったハガキを，それぞれ保育者がつき添って園の帰りにポストに投函させる。ポトリと落ちた音をたしかめて，子どもたちは喜々として帰っていく。冬休みがすんで園へ出ると，お母さんからの返事が届いている。子どもたちは歓声をあげる。幾度も大勢列になって，

「読んでちょうだい」

> と持ってくる。親でなければ書けない心のこもった手紙だ。筆者も読みながら声がうるむ。子どもは、とけるような顔で聞いている。そして、大切に机の中の箱にしまう。幾度も出したりしまったりして眺める。箱の中でお母さんが子どもを守っているのだと思う。改めて、教育は、親と子どもと保育者がしっかり手をとっていくところにあると痛感した。

　4～5歳になると文字への興味が増してくる。もちろんまだ文字が読めたり書けたりしなければならないというわけではないが、このような手紙ごっこは、子どもたちに文字に対する興味を育てていくよい機会である。この事例では、母親にあてた手紙であるが、園内で子どもどうし「ゆうびんごっこ」をするのも楽しい経験である。

　文字や数については入学期をひかえるころ、子どもたちの興味は急激にたかまる。自分の名前を、たてがき、よこがきにひらがなで書けるようになる。園では、カルタ、トランプなど関心を持つような遊びを用意する。郵便ごっこもその一例である。

　保育者は常に一人一人の子どもについて、興味、関心は何か、いまこの活動により幼児の心の中に何が育っているのかを察知したい。そして、発言に共感し、気づいた点をはげまし、人の模倣でない自分で考えた言葉、それを豊かな表現活動へと伸ばしたい。

　園生活に、今日は、明日は！と、明るく、たくましく登園してくる子どもたち、その瞳の輝きに保育者は十分応えたいと思う。

第6章

児童文化財を通しての援助とかかわり

I お　　話

1. お話とは

　ふつう「お話」とは，人間が発する一連の意味のある言葉である。たとえば，何かを説明したり，気持ちを伝えたり，おしゃべりをするなどもみな「お話」と言える。しかし，ここで取り上げる「お話」はもっと狭い意味で，保育者や母親などの大人が語り聞かせることによって，子どもを楽しませたり，教育したりするためのものをいう。

　お話としては，ふつう古典童話や創作童話などが考えられがちである。しかしそれだけではなく，昔話や笑い話，また実際にあったことを子ども向きにした話なども含まれる。お話は一般に子どもの集中できる時間から考えても構成が簡単で短いものが多く，テレビや絵本などと異なり視覚的な限定がないことも特徴である。

　子どもにお話を聞かせるには，ラジオやテープレコーダー，CDなどを用いることもあるが，ふつうは保育者や母親などの話し手が，子どもたちに直接語りかけることが多い。また，お話は絵や道具を使わないので，話し手の気持ちが直接表れやすいといえる。話し手が子どもへの思いを込めて語るならば，話し手によって作り出されるお話の雰囲気のなかから，子どもたちは安定した情緒

や話し手にたいする信頼感を育てていくことができよう。

　また，お話はその時代や話す方法によって，口演童話，実演童話，読み聞かせ，素話，ストーリーテリングなどとよばれることもあるが，ここでは「お話」としてまとめることにする。

2．お話の特徴

　保育者や母親がお話をすることによって，子どものどのような面が育っていくのか，お話の特性を通して考えてみたい。

① 想像力や情操を養う。

　お話の一番大きな特徴は，他の教材と違って，話し手の簡単な手ぶりなど以外には視覚的な要素がないことである。そのために，子どもは自分自身で登場人物や場面のイメージをつくり出していかなければならない。反面，視覚的な制約が無いので，他の教材より自由なイメージをうかべることもできる。言葉からイメージをつくり出すのは，すなわち想像力によって言葉を絵にしていくことであり，想像力を高めることになる。

　また，子どもはお話の主人公と同一化することによって，日常の生活では体験できないようなことを想像の世界で実現し，精神的な満足を得ることができる。

② 思考力を養う。

　お話は子どもの集中できる時間を考えても手短で簡単な構成のものが多い。お話を聞くことによって，まず，話の筋を追って理解できるようになり，しだいに先を予測したり，因果関係を知るなど，考える力を育てることができる。また，お話を通して主人公に共鳴したり，共感することによって，相手の立場でものを感じたり考えるという体験ができる。

③ 話し手との絆を強める。

　お話には絵や画面がないので，ふつう聞き手は話し手の目や表情を見ながら聞いている。そのとき，おのずと語り手の思いやりや人格が反映し，温かい安定した雰囲気の中で，子どもは語り手に対する信頼を深めることができる。また，話し手も話の展開に一喜一憂する子どもたちの反応を確かめながら，一緒になって話すことを楽しみ，共感することによってお互いの絆を強めることが

できる。

④ 人の話を聞く基礎が養われる。

お話は視覚的な助けがないので，言葉に注意を集中して筋を追っていかなければならない。子どもは話を楽しみながら，自然に話を聞く態度や，集中力を身につけていく。

⑤ 正しい言葉の習得。

繰り返しお話を聞くことによって，語彙が増え，さらに正しい言葉づかいやよい話し方を学ぶことができる。また，お話には，快いリズミカルな言葉の繰り返しや韻律などが多く使われており，言葉の面白さや美しさに気づく機会となる。

⑥ 特別な制限がない。

お話には，特別な教具や教材を必要としない。また，時間や場所の制限もうけないので，必要に応じて，いつでも，どこでも聞かせることのできるという利点がある。

3．お話の選択と留意点

(1) お話の選び方

お話を選ぶ場合には，子どもの発達段階や，その時の興味にあったものを選ぶ必要がある。3歳児は3分から5分で，身近なよく知っているものの登場するお話，4歳児では5分から7,8分で，少し複雑な，空想的な話が聞けるようになり，5歳児では10分から15分くらいの長い複雑な話も理解できるようになる。以上は大まかな目安であるが，子どもの状態や状況を考慮して選ぶようにする。

お話の内容は，筋がわかりやすく，起承転結の構成がしっかりしているものがよい。さらに，楽しさや，夢のあるもの，子どもが共感できるもので，あまり残酷なものや恐怖感を起こすものは避けた

い。また、子どもは、「三匹の子ぶた」や「桃太郎」などのように、繰り返しのある話やリズミカルな言葉のあるものを好む。

　また、お話を選ぶときは、語り手が好きな話、感動した話でなければ、子どもと一緒に共感したり楽しんだりすることはできないので、この点にも注意したい。

(2) お話をするときの留意点

　お話をするときは聞き手全員の表情が見えるような配置にし、逆光になって聞き手がまぶしくならないように注意する。

　また、話をするときは速くならないように注意し、はっきりと正確な発音を心がける。話の効果をねらってタイミングよく間をとることが必要である。会話の部分はその人の気持ちになって話し、不自然な声色や大げさなゼスチャアなどの必要はなく自然に話せばよい。

　話し手は事前の準備にあたって内容をよく覚えておくのはもちろんのこと、話し手自身が登場人物や場面の状況などを十分に把握しておきたい。話し手がそのお話の当事者であり、実際に体験したかのように話せれば、子どもも抵抗なくお話の世界へ入っていくことができる。

II　絵　　　本

1. 絵本とは

　絵本とは、絵で主題を表現している本である。絵本には絵だけのものもあるが、ふつう絵と文の両方が描かれ、何枚かがつづり合わされて本の形をとっている。また、一般には印刷によって量産されているので、個々の子どもが自分の物として所有することが可能である。

　最近は大型絵本などもあるが、ふつうは、そばにいる大人に読んでもらったり、一人で見るように作られている。しかし、絵がはっきりしていて、ある程度の大きさがあれば、集団に読み聞かせることもできる。

2．子どもの発達と絵本

絵本は子どもが比較的早い時期から接する文化財の一つである。ここでは，子どもの発達と絵本の関係を考えてみたい。

〈1歳〉

絵本は乳児期から接することが多い。1歳前後から絵本を見せる場合は，絵を指さしながら語りかけたり，絵を見ながらの子どもとのやりとりが中心となる。このころの絵本は，身のまわりにある物が簡素にはっきり描かれている，いわゆる「ものの本」がよい。親と子，保育者と子どもが絵本を媒介に会話をしたり，共に楽しむことに重点をおきたい。また，この時期は集団に読み聞かせるのではなく，保育者と子どもが一対一で一緒に見ながら読むのが望ましい。

〈2歳～3歳〉

2歳ぐらいになると，絵本はおもちゃではないことが分かり，絵本に関心を示す子どもがでてくる。2歳から3歳にかけて，言葉の急激な発達と生活経験の広がりから，想像力や好奇心も伸びてくる。絵本に描かれている内容が，自分の生活や経験に近いことであれば，因果関係を理解したり，時間的な経過も分かるようになる。子ども自身の日常の身近な生活が描かれている，いわゆる「生活絵本」が好まれる時期である。やがて，3歳を過ぎると，物語や昔話の絵本も，絵に助けられながら想像して，しだいに楽しめるようになる。このころになると，字が読めなくても，絵を見ながら一人でストーリーを楽しめるようになるが，もし大人に読んでもらうなら，その楽しみはいっそう大きい。

〈4歳～5歳〉

4歳になると，ほとんどの子どもは集団生活に入り，保育者とあるいは子どもどうしで，言葉によって話し合いができるようになる。また，想像力や探究心もますます旺盛になる。物語絵本では，子どもは話の筋をおって，物語の世界へ入り込めるようになる。ま

たこのころは，知的な好奇心もさかんなので，図鑑や科学絵本を熱心に見る子どもも現れる。このように，いろいろな絵本を楽しめるようになるが，それぞれの好みに差がでてくるので，園では「ものの絵本」「生活絵本」「物語絵本」「科学絵本」「図鑑」など偏らないよう揃えることが望ましい。

3．絵本の特徴

　絵本には絵本の特性がある。ここでは，この特性によって子どもの中に育っていくものについて考えてみたい。
　① 語彙を豊かにし，言葉で表現する力を育てる。
　子どもは，自分の好きな絵本を何度も読んでもらいたがる。数回読めば，自然に絵本の文章を覚えてしまうものである。このように，絵本を通して言葉で表現する力が育っていく。また，もっと幼い子どもでは，実際の物，絵本の絵，物の名前を繰り返し見たり，聞いたり，言ってみたりすることによって語彙を増やすことができる。
　② 感動する心が育ち，情緒が安定する。
　絵本の世界に入り込み，自分が主人公になっていろいろな世界を経験することによって感動する心が育つ。また，保育者や母親に読んでもらうことにより，読み手との心の絆が強まり情緒が安定する。
　③ 想像力を豊かにする。
　絵本では，子どもの知らない国や時代のことでも，視覚的な助けをかりて，イメージをうかべやすい。また，絵本の絵は，映画やテレビと違い，ある一瞬を描いているので，絵と絵のあいだは想像力を働かさなければならない。このように，絵本を見ることによって，子どもの想像力は養われていくと言える。
　④ 知的な関心を育てたり，満足させたりする。
　絵本には，大きく分けると「物語絵本」と「知識絵本」がある。「ものの絵本」「科学絵本」「数やことばの絵本」などがこの「知識絵本」に含まれる。これらの絵本が知的なことに関心をもつ機会となったり，反対に関心があったものを絵本によってますます充実させることもある。
　⑤ 経験を再認識することによって知識や理解を深める。
　自分が経験したことと同じようなことが描かれている「生活絵本」では，経

験したことを絵本で再び見ることによって，言語化したり理解を深めることができる。

⑥　絵本の内容を他の活動で表現しようとする意欲を育てる。

絵本を見たあとで，その絵を描いたり，主人公になってごっこ遊びをすることもある。これは，絵があるので数人の子どもが共通のイメージを持ちやすいためであろう。また，子どもは，絵本を繰り返し読んでもらっているうちにその文章を暗記してしまう。特に，繰り返しの言葉などは，子どもも言ってみたがり，そのうち劇遊びとなることもある。

⑦　文字に関心を持つ。

絵本を読んでもらっているうちに，自分でも読みたいと思ったり，一人で見ていて絵だけでなく文字に関心が向くようになる。しかし，文字が読めるようになっても，一字一字追いながらでは楽しめないので，字が読めるようになったからといって，絵本読みをおこたってはいけない。

⑧　絵本を大切に扱うことを知らせる。

たいていの子どもは，1歳前後から自分の物として絵本を与えられることが多い。そして，2歳ごろには絵本とおもちゃの違いが分かってくるので，正しい扱い方を知らせたい。また，集団保育の場では，みんなの物として大切にすることも指導したい。

4．絵本を読み聞かせるときの留意点

つぎに，保育の場で，数名あるいは数十名を対象に絵本を読み聞かせる場合に注意することをいくつか述べる。

①　ある程度の大きさがあり，絵の鮮明なものを選ぶ。

絵本は，集団に読み聞かせることを前提として作られているわけではない。数名，あるいは数十名の子どもが，少し離れたところから見るのであるから，後ろの子にもはっきり見えるような絵であり，ある程度の画面の大きさのあるものを選ぶ必要がある。

②　事前に十分練習しておく。

絵本を手に持って，子どもに読み聞かせる場合，読み手は絵本の字が見えにくいので，文章を覚えるぐらいしっかり読んでおく。また，絵本に描かれてい

る世界を表現できるよう，内容やテーマ，登場人物の性格なども把握しておく。

　③　絵本の持ち方

　後ろの子どもまで見えるような位置で，片手で本のとじのところをしっかり持ち，もう1方の手はめくるページの端に添える。絵本が揺れたり，逆光だと，子どもの方から見にくいので注意する。

　④　読み方

　速くならないように注意し，はっきりした発音で読む。間をおいたり，つめたりすることによって，その状況や感情を表すようにする。特に声色などは使わず，心をこめて自然に読むほうがよい。

　⑤　ページを開くときの注意

　2ページ一緒にめくってしまわないように注意するのはもちろん，場面によって速くめくる，遅くめくるなど，ページのめくり方も工夫する必要がある。また，中には絵と文がずれていることもあるので，そのような時は文は暗記して絵に合わせるような配慮も必要である。

　⑥　読みおえたあとの注意

　基本的には読み聞かせのあとは感動を大切にし，イメージを発展させることができるよう，できる限り説明や話し合いなどは避けたほうがよい。また，読み聞かせた本は，保育室に備えておいて，子どもが自由に見られるようにしておきたい。

　年長児では，場合によっては絵本の読み聞かせをもとに，感想を話し合ったり，意見を述べ合う機会をつくってもよい。

III　紙　芝　居

1．紙芝居とは

　紙芝居は，幼稚園・保育所・児童館など幼児の集まる所ではさかんに利用されているものである。これは日本独自の児童文化財で，外国ではほとんど見ら

れない。外国では一般に絵本とか掛図式なものが多く利用されている。

　今日紙芝居というと，横長の絵を基調とした長方形のものが普及しているが，明治・大正時代における紙芝居は，絵人形に串棒をつけて演じた「立ち絵」ともよばれたものであった。しかしこの立ち絵は舞台設営・操作技術がかなり専門的で，絵以外の空白の部分は黒く塗って場面転換の効果を見せるなど，演出に高度な工夫が必要とされたため，しだいに消えていった。一時は姿を消しかけたこの立ち絵は，戦後，児童文化研究家永柴孝堂によりペープサートと称され，白の空間を基本として再び幼児の前に登場したのである。

　1枚ずつ抜きとって場面を変化させる今日の形式の紙芝居は，立ち絵に対して平絵（ひらえ）ともよばれたこともあったが，昭和初期ころから飴を売りつつ自転車の荷台に紙芝居を乗せて演じられた街頭紙芝居が広く普及し，たちまちのうちに日本各地で紙芝居の名称が定着した。昭和30年代に入り，テレビの発達とともに街頭紙芝居はほとんど見られなくなったが，紙芝居そのものは深く子どもたちに愛され，教育や保育の現場で根強く定着していった。

　紙芝居が子どもたちから好まれるのは，絵があるから話の内容が理解しやすく，また劇的進行により手軽に演劇の世界に浸ることもできるからである。演ずる側にとっても，素手で語るものと異なり，絵の裏面の文章により説明しやすく，その上演じ方の手引きなどが加えてあるので容易に扱うことができるからである。

　絵本も絵を基本に話が展開されている点では一見同じように思えるが，絵本の場合は原則として絵面に説明文が綴られているので，個人または少人数で見るのに適し，自発的に読書習慣をつけていくためにも好ましいものである。それに比べると紙芝居は自分1人で見るものではなく，最初から他者および多人数を対象として作られているので，画面の裏側の解説文をもとに，演者と観客という芝居形式をもって劇的に展開されるように作られている点で，絵本の仕組みとは大きな違いがみられる。

2．紙芝居の特徴

　日常の保育の中でなぜ紙芝居を使用することが望ましいのか。紙芝居のもつ特性を通して考えてみたい。

① 一緒に見たり聞いたりする楽しさや態度を養う。

紙芝居は最初から多人数を予測して作られたものだけに，集団で作品を味わう楽しさを身につけることができる。また，幼いうちから少しずつ勝手な行動や私語が話の展開に邪魔になることが分かりはじめ，友達（他人）と一緒に見たり聞いたりする喜びを体験していく。

② 共通の話題を通して話し合いの態度が生まれる。

みんなと一緒に物語の展開を楽しむことは，話題も共通のものとなり，意見や感想など一人一人の言葉が生まれ，あるいは他人の言葉にうなずき，話し合いの習慣も養われ，考え方を広げていくことにもつながる。

③ 絵の展開を通して内容が正しく伝達される。

言葉だけでは理解しにくい事象も絵と説明により，興味深く正しく内容が伝えられる。自己中心的な狭い視野から，しだいに社会的広がりを理解していくためにも，より正確に話の内容が伝えられることは大切である。

④ 劇的手法を通して想像力を豊かにする。

画面ごとに変化する手法も，時には早く，時にはゆっくりと物語を深く味わえるように構成され，良い紙芝居は子どもの心に豊かな感性と想像性を育てていく。幅広い作品に接し，時には笑い，時には涙を流し，作品の世界に没頭し，想像力をめぐらしていくことは，心に大きな希望が生まれて楽しい。

⑤ 手軽に扱える教材である。

普通の紙芝居は，大きさも枚数も一定の決まりに収まっているので大変扱いやすい。操作も「順序通りに抜く」という手順からできているので難しいこともなく，利用範囲，利用回数など自由に扱える。室内，講堂，園庭，屋上，木陰など目的・環境に応じて広く利用できるのも大きな魅力である。

⑥ 温かい人間関係をつくる。

初めて子どもに接した学生などで，紙芝居を演じた後で急に子どもから親しく声をかけられ

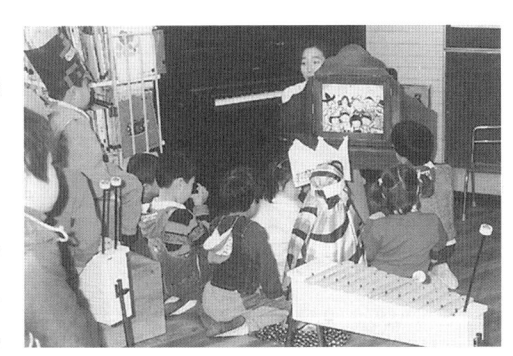

たという経験をもつ人は多い。紙芝居上演を通してその保育者の人間性が知られるとともに，子どもの理解の程度や心の動きなどが察知できるので，保育者と子どもとの間によりよい交流方法を考えることができる。

⑦ 子ども自身の製作や演出も可能である。

優れた作品，楽しい話に接するうち，子どもの心にも製作意欲が湧いてくる。特に年長組ともなると絵画の構成力もついてくる。子どもたちの豊かな発想を生かして，気楽に少ない枚数で作ってみると，創造する楽しさや演ずる楽しさなど豊かな保育の広がりが生まれてくる。

3．紙芝居の選択と扱い方

(1) 紙芝居の選び方

使用目的にふさわしい内容のもの，子どもの理解や興味に適したもの，絵や色彩が美しく適切な文章で構成されているものなど，事前に十分検討してから用意してほしい。特に下読みを十分して話の内容をよく把握し，読み方，抜き方にも心を配りたい。抜き方一つにしても，ゆっくり抜く，素早く抜く，半分まで抜くなど内容に合わせた演出は細かく指定されている。

(2) 紙芝居の扱い方

上演に当たり，紙芝居は「手持ち」で演ずる場合と「舞台（箱）に収めて」演ずる場合とがあるが，できることなら舞台を使うことが望ましい。紙芝居の作者・画家は舞台の使用を前提に作品作りをしているからであり，特に安定した使い方を希望しているのである。

手元に舞台がないときでも，机上に箱などを置いて，その上に紙芝居を安定させて演ずるとよい。日常よく使われるティッシュペーパーの箱なども案外便利に利用できるものである。

ただ，身構えない気軽さと，特に年少の子どもに親しく接するためには，舞台を使わず手持ちで行う方法も無視できない。

手持ちの場合は，必ず左手で紙芝居を持ち，右手で抜くようにする。逆に持ったり，逆に抜く（左方向へ抜く）ことは絶対しない。既成の作品は必ず演者が右方向に抜くように作られているので，半分まで抜くという場面で逆に抜いては話にならないのである。

紙芝居を手に持つときは，子どもの様子もよく見えるようにして演じたい。両手で紙芝居を持って演者の顔がすっかり隠れてしまうようでは不適切である。解説の文字が読みずらくて困る場合，2場面目よりは演者の真下に文字面をおいて読むのも一方法であろう。

初めて子どもの前に立つと，とかく不安で声も小さくなりがちなので，口を大きく開き，正しく発音し，単調にならないよう登場人物の気持ちを汲んで演じたい。

また紙芝居の順序が正しく揃っているかどうか，子どもにとって見やすい位置，高さにあるかどうか事前に確認しておくことも，紙芝居を楽しく上演するための大切な要素である。

Ⅳ　パネルシアター

1．パネルシアターとは

付着力のよいパネルに絵や図形を貼ったり外したりして展開する芝居をパネルシアターという。主に児童文化財としての童話，歌遊び，言葉遊びなどに用いられるが，学習教材をはじめ，レクリエーション，交通指導，栄養保健指導などかなり幅広く使用されるようになった。

絵の素材として付着力のよい不織布（Pペーパー）を利用することにより，作りやすさ，使いやすさ，それに表裏両面どちらも貼り付くという便利さなどから楽しい作品が数多く生まれ，加えて白パネルだけでなく黒パネル，影絵パネルなどの新しい技術が発明されて，従来の芝居には見られなかった美しい手法が注目されるようになった。

こうした素材の発見や多様な表現技術の誕生により，筆者は昭和48年に「パネルシアター」と命名したが，これの原型となったのは，ボントン絵話，フランネルグラフとよばれた貼り絵の手法であった。専門家の間では知られていたが，残念なことに制作が不便で，楽しく使用される作品が少なかった。パネル

に登場する絵を作るのに，絵の裏側に布地をのりづけしたり，やすりなどで起毛させねばならず，製作上かなり不便で，さらに，絵を裏返して貼ったり，重ねて貼ったりすることが不可能だったので作品構成には制限が多く，幼児向けの手軽な作品はあまり見られなかった。

それらに比べてパネルシアターは，絵を描いて切り抜けばすぐに使える点で簡単なことから，作品作りにも幅が広がり，音楽の楽しさを取り入れることにより，歌遊び，言葉遊びなどの作品が誕生し，黒パネルなどの新しい手法も喜ばれて，乳幼児から年配者の集会まで幅広く利用されるようになった。

学校では教師が黒板を使って講義するが，幼稚園や保育所では，パネルに絵を出して説明したり遊んだりするほうが，楽しく理解されていくことであろう。

2．パネルシアターの特徴

パネルシアターの性格を良く理解していくために，その特徴を考えてみる。

① 事物を図形化し，その図形の貼付(ちょうふ)を基盤として展開する。

絵を表示しつつ展開される点で，パネルシアターは絵本や紙芝居に似て，伝達される事象に興味や関心を呼び，理解が深まる。ページをめくりながら展開する絵本，絵を抜きながら展開する紙芝居に比べてパネルシアターは貼(は)りながら展開する単純な操作を基本とする。

一口に貼りながらというが，パネルに絵が貼りつき，手軽にそのままはがせるということを初めて見る人は驚く。本来貼りつけるという行為は，のり，画鋲，セロテープ，磁石などの材料を用いるのが当然と思っているので，特に加工されていない絵が，そのままパネルに貼りついたりはがせたりできることは，驚きとともに魅力的でもある。

② 絵に動きがある。

手や指先で絵を扱うので，絵に動きが見られ，パネル上で移動したり，裏返ししたり，回転したり，絵の中から新しい絵が次々と飛び出ることなどは子どもの想像力を高め，一段と興味を増す。本来じっとしているよりも激しく動き回ることが好きな子どもたちにとって，絵も動くということは，好奇心が高まり，心情的にも共感を覚え，作品展開への期待をふくらませていくのである。

③ 話や歌に積極的に参加できる。

時には静かに話を聞くことも大切であるが，あまり受動的な姿勢が続くと興味も半減してしまう。パネルシアターは対話形式で自然に語りかけながら進められるので，一方通行にならず，観客も話の途中で考えたり，応答したり，みんなで声を出したりして芝居の中に気楽に参加できる。特に歌遊び，言葉遊びのものは，初めから観客参加を予測して作られているだけに，積極的にみんなで歌ったり応答したりすることにより，演者との間に一体感が生まれる。それに手遊びなども加えることができ，一段と話や歌に夢中になって，遊びながら参加意欲も盛り上がり，思わず楽しい雰囲気をかもしだすことができる。

④ 1人でも多人数でも手軽に演ずることができる。

登場する絵人形や背景をパネルに貼りながら進行するので，数多くの登場人形を1人で扱える。人形劇や影絵劇のように直接，両手で支えるものでないだけに同時にたくさんの絵人形を登場させることが可能である。このように1人で手軽に扱える反面，配役分担を決めて多人数で演ずることもでき，音楽演奏者も含め協調して芝居を作り上げることも楽しい。

⑤ 誰でも作品作りができる。

原則として絵を描いて切り抜けば絵人形ができ上がり，操作としても貼ることを基調とするので幼児でも手軽に上演できる教材である。

みんなで分担して絵人形を作り練習していくうちに，創作したり協調したりする楽しさが芽生えてくる。作り手の個性的な温かみが感じられる作品や，演技者の人間性が自然ににじみでるような作品に観客は大きな魅力を感ずるのである。

3．保育におけるパネルシアターの必要性

絵本，紙芝居，映画など大量に製品化されたものには優れた作品が多く，日常に利用していくには便利である。しかし人間性豊かな保育をすすめる上で，あまり機械的に作られたものだけに頼るのは寂しい。パネルシアターの場合，自ら製作していかねばならない苦労はあるが，それだけに温かさ新鮮さが感じられ，保育者の情熱が伝わる教材である。

無地の空間に絵が置かれることから始まり，それがいろいろに変化し，語り

方の魅力，音楽の楽しさなどが加わると，初めてパネルシアターに接する印象はかなり強いものがある。何物にもあまり関心をもたず，集団活動になじめない子どもの中にも，パネルとなると真剣に見つめ，時には歌い，応答したりといった積極性のある行動をする例がみられる。

　また生後１年未満の乳児で，まだ自分の言葉が話せないのにパネルの絵を指さして，声を出したり何か話そうとして強い反応や関心を示すことがある。それを繰り返し演じていくうち少しずつ言葉や歌を身につけ，好奇心・探究心をふくらませていく。また子どもの発達に応じて，ていねいに繰り返し説明したりアドリブを用いたりできるので，養護学校の現場などでもかなり使用され始めた。

　解説の決まった文章で進行するものとは異なり，話者の比較的自由な語り口で進行するパネルシアターは，観客も話題に参加し，声を出したり歌ったりして進行の手助けをする。むしろ観客参加の積極さに助けられ，楽しい芝居となる場合も多い。受け身にならず，能動的に芝居づくりに加われる点で，これからの保育にパネルを使用する意味は大きい。

　見たり聞いたりしていくうち，興味や関心も高まり，集中力，観察力，想像力，話す力，考える力が育まれ，協調性・感受性なども生まれ，自らも話したい，演じたいとする意欲も高まる。それも単に個人的なものでなく，集団活動の中で，みんなの力に助けられ，刺激され，共通の話題の中で進められるので楽しい。

　しかし，言葉だけでは幼児に理解しにくいものを，パネルならではの特徴や技術を取り入れ説明していくことが必要である。

　たとえば，大きな自動車の陰に数台の小さな自動車が重なって見にくくなっている場合の交通指導に重ね貼りの技術を利用したり，道案内，競技説明，数や色の認識などに，袋や糸どめの技術を工夫して動かしてみるなど効果的である。それも，日常の生活に即して手作りで実践できるので，簡単なものは子どもと一緒に作ってみると理解も得られやすい。それにより子どもの持つ好奇心，探究心を少しでも促し，人間として成長するための豊かな心を育み，活発な参加意識の向上につながる。パネルシアターを用いて，幼児の積極性を引き出し，表現力を養い，みんなで保育の流れに関心を深め，常に生き生きとした保育が

展開されることを期待するものである。

4．パネルシアターの準備と演じ方

(1) 上演準備（パネルの用意）

① イーゼルにパネル布を貼った板をのせる。

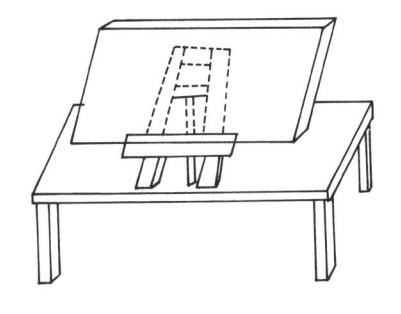

② 机利用のパネル

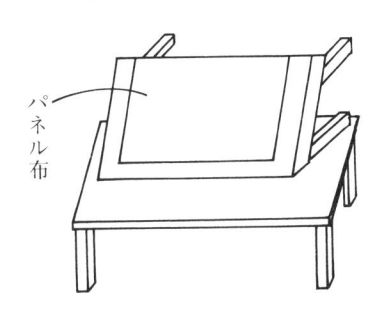

③ 移動黒板利用のパネル

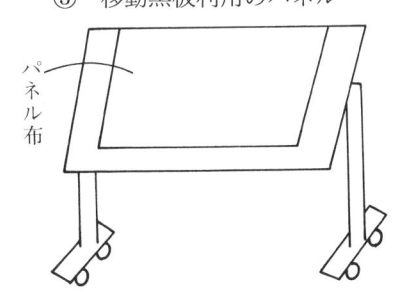

④ 普通の黒板にパネル布をピンと張って設置する。

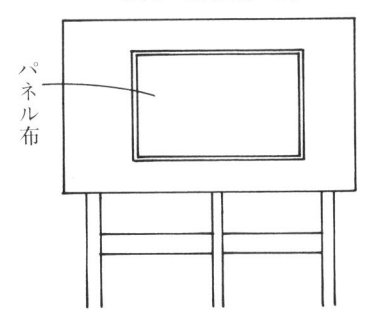

　パネルの準備から考えると，④のように普通の黒板にパネル布を貼るのが簡単である。しかし垂直の黒板では慣れない人には絵が落ちる不安があるので，①②③の方法のように傾斜のあるものが使いやすい。
　パネルの大きさは，横長で 100 cm×70 cm のものがあれば保育室なら手頃であろう。

(2) 絵人形の用意
　パネルシアターに登場する人物，動物，人形等を絵人形とよぶ。絵人形はPペーパーという不織布を用いて作る。Pペーパーは絵が描けて，表裏両面どち

らもパネルに付着する丈夫なものを選んでいる。現在は三菱製紙の MBS テック 130 番が最も多く使われるが，バイリーン，旭化成，三和製紙の不織布の中にも利用できるものがあり，他に毛ばたちのある画用紙，和紙の中にも代用できるものがある。〈材料扱い所〉参考図書，パネル布，P ペーパーなど　東洋文化出版　（電）03-3234-0321）

　P ペーパーには消しゴムがよく使えないので，他の用紙に下絵を描いてから P ペーパーに写しとるとよい。

　絵は大勢の人が遠くから見る場合を想定して，遠目のきくように輪郭をはっきり描くとよい。輪郭は油性のマジックインキで描くと，水性の絵の具で着色してもにじむことがない。

　話の中の絵人形は，主人公・脇役とも代表的ポーズをよく考えて，なるべく一つずつで済むように作り，絵人形の数を増やさないことが演技する上で扱いやすい。

　彩色は，絵の具，ポスターカラー，マジックインキなど，手に触れても色の落ちないもので描く。表裏両面に採色する場合，裏面に色がにじんで良くできないときは，2 枚の P ペーパーに表人形と裏人形を別々に描いておいて貼り合わせるとよい。貼り合わせは普通ののりでははがれてしまうので，ペーパーボンド，ソニーボンドなどを用いる。

　絵人形の関節の部分は初め別々に描いておいたものを糸どめして作ることにより，必要に応じて手足や首などを動かすことができる。

　シャツの上に洋服をつける，という二重がさねの場合，上絵に当たる洋服の裏にパネル布を貼り着けておくと安定して二重がさねができる。

　上演のとき，絵人形を置く台は登場するものと退場するものとを混同させないためにも大きいものが便利である。絵人形の大きさや形が不揃いなので，登場順にきちんと確認しておくことが必要である。

　(3)　演　じ　方

　上演作品は，時期，年齢，目的などを考慮して選び，パネルも見やすい位置，高さ，光線などを配慮して設置する。

　絵の貼る位置をしっかり決められるように練習しておくと，話と演技が一体化して楽しくなる。てきぱきとした動作，明るい態度，はっきりした話し方，

適度なユーモアなどは見ている人の雰囲気を良くする。人形劇などと異なり演者自身の姿が隠れることなく常に観客の前に表れているので，練習と工夫を重ねて，ゆとりをもって上演したい。単なる絵に生命が生まれ，生き生きと動き，踊り出すところにパネルならではの面白さが感じられる。パネルと子どもと演者が一体となって展開されることが望ましい。

なお，これにピアノやカセットテープなどを利用して音楽効果が加わると，いっそう楽しいものである。

(4) 作 品 例

〈だれの手〉

簡単なクイズ遊びは子どもは大好きである。

かわいい動物たちの手と顔を組み合わせて歌にしてある。最初に両手を出して「だれでしょね」と歌ってから顔の絵を出すと賑やかな歌遊びになる。

だれの手

1　ひらひら　ひらひら　赤い手　ゆらゆらしっぽは
　　だれでしょね　かわいいおかおの金魚さん

2　こんこん　こんこん　黄色い手　三角お耳は
　　だれでしょね　かわいいおかおのきつねさん

3　ぺったん　ぺったん　黒い手　丸いおめめは
　　だれでしょね　かわいいおかおの熊さん

4　ぴょんぴょん　ぴょんぴょん　白い手　長いお耳は
　　だれでしょね　かわいいおかおのうさぎさん

5　ぶうぶう　ぶうぶう　ピンクの手　丸いおはなは
　　だれでしょね　かわいいおかおの豚さん

142　第3部　保育活動と「言葉」

だれの手

古宇田亮順　作詞
田中常雄　作曲

1. ひら ひら ひら ひら あ ーかいて
ゆら ゆろ しっぽ は だれで しょ ね
かわい い お かお の きんぎょ さん

Ⅴ　おもちゃ

1．おもちゃとは

　おもちゃとは，ごく簡単にいえば子どもの遊び道具である。おもちゃは，子どもの主体的な活動である遊びを動機づけ，さらに遊びを展開し発展させる働きをもつものである。その意味では遊具に含まれるが，固定遊具や大型運動遊具と区別して，子どもが持って遊べる程度の大きさのものを言うことが多い。子どもが遊びに使っているものは，工場などで量産されたおもちゃから，手作りのもの，木や石や草花などの自然物，家庭用品やその廃品などさまざまであるが，それらは広い意味でおもちゃとよぶことができる。しかし，おもちゃを考える場合ふつうは，子どもの遊びの道具とするために作られたり，手を加えられたりしたものが中心となる。

2．おもちゃの種類

　おもちゃの分類方法はいくつかあるが，ここでは用途・形態によって，現在用いられているおもちゃを分類し，代表的なおもちゃの例をあげる。

① 乳児玩具　　　　　　　　つりメリー・おしゃぶり・ガラガラ
② 音遊びのおもちゃ　　　　太鼓・ラッパ・小型ピアノ
③ 構成遊びのおもちゃ　　　積み木・ブロック・ジグソーパズル
④ 運動遊びのおもちゃ　　　三輪車・ボール・なわとび・お手玉・あやとり
⑤ 造形遊びのおもちゃ　　　折り紙・絵の具・クレヨン・画用紙・粘土
⑥ ゲームのおもちゃ　　　　トランプ・すごろく・カルタ・テレビゲーム
⑦ ごっこ遊びのおもちゃ　　人形・ままごと道具・でんわ・ぬいぐるみ
⑧ 学習玩具　　　　　　　　文字積み木・時計

3．おもちゃの特徴

つぎに，おもちゃの持っているいろいろな特徴から，子どものどのような面が発達するのかを考えてみたい。

① 感覚の発達を促す。

おもに乳児玩具がこれにあたる。赤ちゃんのベッドの上につるしたつりメリーやガラガラ，おしゃぶりなどは，動きや音，感触によって，目や耳の感覚を育てる。

② 思考力や創意工夫する力を伸ばす。

おもに構成玩具や造形玩具がこれにあたる。積み木やブロック・粘土などは，自分の目的とするものを作り出すために，作ったり壊したりしながら，考えたり，工夫したりする。また，クレヨン・絵の具・紙類のように，素材として造形的な遊びを誘うものもある。

③ 運動能力の発達を促す。

三輪車やボールなどは，バランス感覚や全身の発達を促す。手の細かい動きを発達させるものとしては，お手玉，あやとり，おはじき，こまなどの古くからの伝承遊びのおもちゃがある。

④ 想像力を育てる。

ままごと道具や人形・乗り物などを使ってのごっこ遊びは，日常の生活やテレビ・絵本などで見聞きした世界を再現し，そのなかで自分が想像したものになって遊ぶのである。ごっこ遊びは簡単な再現から何人かの子どもが共通のイメージのもとにストーリーを持って展開されるものまであり，子どもの想像力を育てる。

⑤ 社会性を育てる。

ゲームを使っての遊びは，ルールや順番を守るなどの点で社会性を育てることになる。また，ごっこ遊びによって日常生活を再現することは，それぞれの役

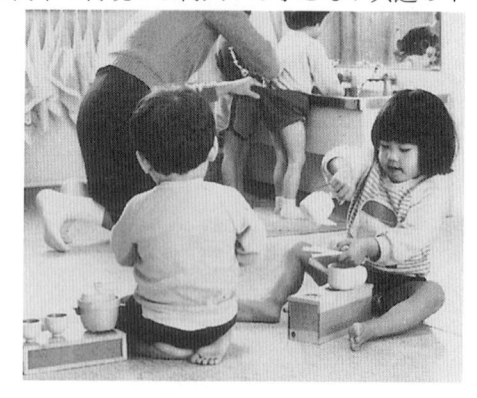

割や仕事・態度などを理解することでもあり，社会性を身につける機会となる。
　⑥　音感やリズム感を育てる。
　太鼓やタンバリンなどの音の出るおもちゃは，子どもの音感やリズム感を育てる。1歳前後になると，音楽に合わせて体でリズムをとるようになるので，鈴やマラカスを持たせると喜んでリズムをとる。もっと大きくなると，数人で合奏もできるようになる。

4．おもちゃを選ぶときの留意点

　おもちゃは，遊びのための道具であり，子どもの心身の成長・発達に欠かせない遊びを誘発し，発展させるために与えられ，子ども自身によって活用される。このために，場合によっては，おもちゃの種類によっては遊びが限定されてしまうこともある。年齢や個性，生活の実態を考慮したうえで，いろいろな活動が偏らずに体験できるようにおもちゃを選択する必要がある。つぎに，乳幼児期の子どもにとって望ましいおもちゃの選択基準を示す。
　(1)　安全であること
　危険性がなく，衛生的で安全であること。また，壊れにくく，壊れても修理ができるものが望ましい。商品玩具の安全性については，業界の自主規制によって一定の基準に合格したものにつけられる「ST」マークを参考にするのもよい。
　(2)　発達段階に合っていること
　よいおもちゃであっても，子どもの発達段階や興味・関心に合っていないと意味がない。つぎに，大まかな発達段階とおもちゃの例を示す。
〔乳児期〕
寝ている時期：視覚・聴覚・触覚に働きかけるおもちゃの時期である。生後3カ月ごろまでは，ベッドの上につるしてその動き，音，色を楽しむおもちゃ。音や動きは柔らかで，鮮明な色のものを好む。〈つりメリー・オルゴール〉3カ月を過ぎて，手で持って遊べるようになったならば〈ガラガラ・おしゃぶり〉など。手に持って眺めたり，振ったり，口でなめたりして遊ぶ。
寝返り・はいはいの時期：6カ月を過ぎると，寝返りやはいはいで移動しながら遊ぶ。また，手や指の使い方が発達する。〈ゴムまり・でんわ・ラッパ・太鼓〉

〔幼児期〕
歩き始める時期：歩行の確立を促す運動玩具が中心となる。〈押し車・引いて遊ぶ車・ボール〉

3歳ごろまで：運動機能や知能が一段と発達するので，運動遊び・構成遊び・ごっこ遊びなどがはじまり，遊びの範囲が拡大する。〈三輪車・木馬・積み木・ブロック・子ども用ジグソーパズル・人形・ぬいぐるみ・砂遊びの用具・水遊びの用具〉

4歳から6，7歳まで：ほとんどの子どもが集団保育に入り，友達と遊ぶことがさかんになる。また，個性によって遊びの好みが出てきたり，性別による遊びの違いが表れてくる。いろいろな遊びが展開できるよう，おもちゃの選択に配慮する必要がある。前段階の物や同じ物でもやや高度なものに加えて〈ままごとセット・着せ替え人形・ビーズ・大工セット・なわとび・野球用具・トランプ・カルタ・こま・ハーモニカ〉など。

(3) **いろいろな遊び方ができること**

おもちゃによって遊び方が限定されてしまわずに，いろいろな遊びに利用できるおもちゃが望ましい。このようなおもちゃは，子どもの想像力や創意工夫する力を伸ばすとともに，子どもの発達や遊びの変化にも対応できるので，飽きのこないものである。

VI テレビ

1．テレビとは

わが国におけるテレビ放送は，昭和28年2月NHKによって開始された。その後，短期間のうちに急激に普及し，家庭でのテレビの視聴が乳幼児の生活にさまざまな影響をもたらすことが指摘されはじめた。テレビによって幼児の言語の獲得時期が早くなったり，知識が豊富になったとも言われる一方，家族の対話を阻害したり，受け身型の子どもをつくる，長時間の視聴が他の活動を妨

げるなどの問題があげられるようになった。しかし，今ではテレビのない生活は考えられなくなっていることも事実である。テレビの人気番組のことが幼稚園や保育所で子どもたちの話題となったり，遊びに取り入れられることもしばしばある。このような点を考慮した上で，保育活動としてのテレビ視聴，家庭でのテレビ視聴を考える必要がある。

２．テレビの特徴

まず，テレビにはどのような特徴があるか考えてみたい。
① 同時性・大衆性：同じ番組を国内のどこでも，だれでも同時に視聴できる。
② 速報性：事件や出来事が即時に伝達される。
③ 簡便性：スイッチとチャンネルの操作だけで視聴できるので，子どもでも簡単に操作して見られる。
④ 迫真性：動く画像と音声が結びついて伝達され，迫真性があるので集中しやすい。
⑤ 一方向性：送り出された情報に対して，視聴者の意見や考えをすぐに伝えることは難しい。
⑥ 一過性：再放送や録画をする場合もあるが，ふつう同じ番組を繰り返し見ることはできない。また，もし見逃すと二度と見ることができない。
⑦ 定時性：番組の放送時間は予め決まっていて，特定の時刻でないと視聴できない。
⑧ 予見不可能性：前もって番組の内容を完全には予見できない。

テレビの特徴として以上のような点があげられる。ただし，近年VTRの普及によって，⑥一過性，⑦定時性，⑧予見不可能性は克服できるようになった。しかし，この場合は，②の速報性がなくなる点に注意しなければならない。

つぎに，これらの特性をもつテレビが子どもに及ぼす影響について考えてみたい。まず，テレビは迫真性があり，画面や音声がたえず変化するので飽きにくく，また子どもでも簡単に操作ができるという点から長時間の視聴となりがちである。しかも，テレビは一方向性であるため，子どもからのフィードバックに応答できず，常に子どもは受け身的な立場となり，子どもの主体的な学習意欲を高めることはできない。また，テレビの特性としての迫真性は，見るも

のをひきつける魅力となる反面，表現や内容に望ましくないものがあれば，子どもにとって強い刺激となり，人格形成にも影響をあたえることになる。

しかし，一方で，家庭で視聴したテレビ番組のことが幼稚園や保育所の子どもたちの話題にあがったり，遊びに取り入れられたりする。たとえば，男の子たちのヒーローごっこや，女の子たちのアイドル歌手になって歌うなどで，どこの園でもしばしば見られる光景である。これは，同じ番組を視聴することによって共通のイメージを持てるためであろう。これらの遊びは，単に受け身的なテレビ視聴にとどまらず，想像力を生かした遊びにも発展できる可能性を示している。

3．指導上の留意点

保育時間内にテレビを視聴する場合には，保育者はテレビを利用して子どもと何をしたいのか，どうしたいのかという目的を，十分に考えておく必要がある。そのためには，まず番組制作のねらいや番組の内容，対象年齢などについて調べた上で，子どもの発達段階や興味の方向を考慮して計画を立てる必要がある。できれば，VTRを利用して事前に見ておくこともよい。また，放送時間の制約から開放されるために，事前に録画したVTRを使用することも考えられる。視聴中は子どもの反応や様子を観察し，視聴後の展開を適切に行うことが大切である。

テレビについては，保育時間内に視聴することよりも，むしろ家庭での視聴のほうが問題となることが多い。家庭でのテレビ視聴は子どもの遊び・言葉はもちろん，ものの考え方や態度にまで影響をあたえる。また，テレビの視聴は子どもの語彙の増加や言語発達を促す反面，望ましくない言葉や流行語が広まることも多い。しかし，たいていは一過性のものであり，それほど問題にはならない。けれども，番組の内容によっては子どもの人格形成にまで影響が及ぶこともある。テレビを視聴するときは，子どもだけで見るのではなく，できるだけ大人も一緒に見て番組の内容について批評したり，話し合ったりすることが望ましい。また，子どもにはまだ十分な判断力がないので，大人の判断で，残酷なものや刺激の強いもの，人間性を尊重していないもの，あまり下品なものなどは避けるべきである。

また，テレビの視聴習慣として，まず大人が長時間テレビをつけたままにしておくようなことはあらためねばならない。そのうえで，子どもの視聴時間や番組の選択については，大人と子どもの共通の話し合いによって決めることが望ましい。さらに，できるだけ子どもと一緒に視聴し，子どもからのフィードバックに答えるならば，テレビの利点を十分に活用して教育効果をあげることができるであろう。

第7章

言葉の育ち(言語発達)をとらえる視点

　言葉は人間生活にとって不可欠なものである。
　泣くことでしか自分の要求や感情を表現できなかった乳児が、いつのまにか言葉で物事を認識し、言葉を獲得し、言葉で自己表現できるようになる。
　そして、しだいに言葉で思考し、言葉を用いて互いの意志や要求を伝えあい、他者とのコミュニケーションを広げ、深めながら、集団生活を楽しみ自己を拡大していく。
　乳幼児期は言葉の獲得期であり、形成期でもあるが、その過程は千差万別であり、表現方法や内容にも著しく個人差が見られる時である。表現意欲が育っていないために、自己表現の必要性を感じていないために、あるいは、言葉の理解が不十分であったり、伝達能力が不十分であるがゆえの集団生活への不適応が見られたりもする。精一杯自分の思いを伝えようとしたにもかかわらず、受けとる側が気づかずに伝わらないこともあるであろう。また、言葉に対して互いの共通理解がないゆえ、大人の側からみると、思いもよらぬ行動をとるなど、コミュニケーションを強めるはずの言葉が誤解を招いてのけんかは、子どもの表現意欲を消極的にするかも知れない。その一方で、言葉を獲得し、共通の言葉を用いて要求を伝え合い話し合えるようになると、子どもたちの世界は飛躍的に広がっていく。
　そこでこの章では、言葉が子どもたちの生活の中でどのように育ちつつあるのか見直す必要性とその視点について考えていきたい。

I 育ちをとらえる視点

1．自己表現としての言葉の育ち

　言葉は自分の感動，感情，要求，意志などを表出，表現するときに用いられる。したがって，まず，言葉で伝えたい，伝えようとする気持ちが育っているかどうか確認したい。

> 　幼稚園の3歳児クラス。朝の集まりで名前を呼んでも，4〜5月ころまでは「はぁーい」と顔を真赤にして大声を張りあげる子ども，"口"は大きく開けているけれども声はほとんど出ない子ども，恥ずかしそうに身体をくねらすだけの子ども，自分の名前を呼ばれるとくるりと後ろを向いてしまう子どもなど，さまざまな返事をしている。

　"名前を呼ばれたら返事をする"ということは，相手の働きかけを受けとめ，自分もそれに応じようとしていることを表すものである。したがって，はっきり返事ができるようになることは望ましいことであるが，「ハイ」と返事をするように強制したり，返事が聞こえない子どもの指導を焦らないようにしたい。
　たとえば，くるりと後ろを向いてしまうということも，他の子どもが呼ばれているときにはそのようなことをしないことを考えると，"後ろを向く"ことが自分の名前を呼ばれたことに対する返事なのである。それが集団になじめず，緊張や圧迫感を覚えている子どもの精一杯の表現であるならば，保育者は笑顔で受けとめていきたい。そして抵抗感や緊張感を取り除くべく努力をすることや，その抵抗感や緊張感を乗り越えて，子ども自身が集団に溶けこむまで待とうとすることも必要であろう。
　また，「言葉は周囲の反応度によって形成され，必要度によって使用され定着する」と言われるが，子どもが自分で話す必要性がないほど，周囲の大人が子

どもの気持ちを推測し，先走って話している場合もある。「ねぇー」と言っただけで「お腹すいたの？ おやつはここよ」「暑いの？ 洋服脱がせてあげるからいらっしゃい」などと母親が対応し，自分の要求がすべて満たされていると，子どもの言葉は育っていかない。

そのような場合，"口が重く話さない子ども""自分から何も言わない子ども"などと，自己表現としての言葉が育っていないことを問題視するだけでなく，子ども自身に自ら話をすることの必要性や楽しさを育てるための方法を，母親と一緒に考え合う必要があろう。

"自己表現としての言葉の育ち"を見るためには，ある視点を決めて継続的に観察していくことも必要であるが，その場面での結果で決めつけてしまわず，他の場面ではその子どもがどのような対応をしているか，連動性をもってみることが大事である。

2．かかわりを持とうとする言葉の育ち

他の人と言葉でかかわりを持ち，コミュニケーションを持とうとすることは，乳幼児の場合は特に，相手を自分の身近な人，安心できる人として受けとめた気持ちの表れから始まる。

> 乳児院で実習した学生の体験談である。
> 全員19名の子どもたちは，月齢により4クラスに分かれており（6カ月未満，7～12カ月，13～18カ月，19カ月以降），実習生はその4クラスを1日ずつ順番にまわって実習することになった。
> 1歳前後のクラスの乳児たちは人見知りの時期の子どもたちが多く，保育者とは一生懸命喃語で話しているのに，実習生が話しかけようものなら，火がついたように泣き出し，その泣きが他の子どもたちにも移ってしまい大変だったという。

乳児の場合は人見知りの時期も含めて，泣いたり，話しかけられたときに答えようとしなくても当然と受けとめられるが，幼児期になると，話しかけられても黙っていたり，答えないという場合，何を考えているか分からない扱いに

くい子ども，と問題視されがちである。

けれども自分の気持ちを相手に伝える言葉や，コミュニケーションを持とうとするために用いられる言葉は，相手に親近感や安心感，信頼感が持てたときに自然に出るものであることを忘れないで欲しい。

2歳児クラスで。
「お父さんは？」…「おしごと」「かいしゃ」
「お母さんは？」…「がっこ」「おみせ」
など，保育者との言葉のやりとりが楽しく，問われると我先に答えるようになってきた。

M子に「おじいちゃんは？」と尋ねると，「でんしゃで　おしごと」と言う。そこにYが来て「ボクも」と問われるのをせがむので，「おじいちゃんは？」と尋ねると，「山にしばかりに」と答えた。Yは両親と3人家族で祖父は一緒に暮らしていない。多分，絵本やお話の中の"おじいさん"がイメージとして浮かんだのであろう。答が面白く可愛いかったので，吹き出した保育者が他の保育者も呼び，数回同様の質問をしては笑っていたところ，Yは自分が間違ったことを答えているらしいと気づいたのか，急に涙をためて黙ってしまい，それ以来，しばらくの間は何を聞かれても口をキュッと結んだままでいた。

対人との間で使われる言葉は，精神状態や社会性の発達と密接なかかわりを持つものである。したがって，"かかわりを持とうとする言葉(気持ち)の育ち"をとらえようとする場合には，自分から話そうとしない，尋ねても答えようとしないなど表面的な，表面上の行動を問題視するのではなく，それに影響を及ぼしている要因を探り，対応策を考えていかなければならない。

子どもたちの様子を見ていると，対保育者や対父母など大人には積極的に話しかけてくるが，対子どもになると消極的な子どももいる。大人の中で育ち，子ども社会で使われる言葉に馴れていない子どもに見られる傾向であるが，保育者に対し積極的に話しかけてくる子どもに対しては，ともすると良く話し，良く話せる子どもと受けとめがちである。"かかわりを持とうとする言葉（気持ち）の育ち"を見る場合は，対子ども間での対応にも注意したいものである。

3．相手の言葉を受けとめようとする心の育ち

相手の言葉を受けとめようとする姿勢は，相手の話していることを聞こう，聞いて分かろうとするなど，対相手への積極的な気持ちから生まれる。

この場合，相手に対する親近感や興味，関心などが素地になり，さらには相手の話す内容への興味，言葉そのものへの理解やその場の雰囲気などが聞こうとする意欲や態度に加わってくる。

年齢が進むにつれて，話しかけてくる人へのエチケットやマナーとして，また，一緒に話を聞いている友達のことを考えて"静かに聞こう"とするようにもなるが，"静かにしている"ことより，"聞こうとしている""分かろうとしている""注意して聞いている"など意欲や態度を認めることが大切である。

紙芝居をする前に「背中を真っすぐにして，ひざをそろえて，手はおひざ」を復唱し，保育者が紙芝居を読み終わると一斉に「どうもありがとうございました」と礼を述べるよう指導している園がある。

そこの子どもたちは，目上の人に「先生，〜しても良いですか？」と話すよう指導され，きちんとした言葉を使うことが評判の園でもある。新卒の保育者が5歳児クラスの担任となり，絵本「はらぺこあおむし」の読み聞かせをした。子どもたちの表情は一向に楽しそうでもなければ，最後に蝶に変わったときにもさほど変化は見られず，ただ静かに，きちんと聞いていた。その保育者は，子どもたちと感動や感情が通い合わないもどかしさを感じながら，子どもたちに言葉をキャッチする楽しさが育つよう，模索しているという。

話すことも聞くことも、まずは自分の要求を満たすところから出発し、自分にとって必要だから使うという過程で、さまざまな力が育まれていく。言葉が子どもの心に生き生きと語りかけていくものとなるには、子ども自身の集団での安定度、解放感、自信などとともに、園生活をおくる人との間に信頼感が育まれていることが必要となろう。

したがって"相手の言葉を受けとめようとする心の育ち"は、相手を仲間として受け入れる心の育ちでもある。人とかかわる力の育ちが不十分と思われる子どもの場合には、対保育者、対子ども、対子どもたちなどの視点で問題を見直すことが大切である。

4．生活用語としての言葉の育ち

> 3年保育2年目、4歳児のクラスで新入園児N夫（4歳3カ月）を迎えた。「N夫くんは初めて幼稚園に来たの。お手洗いや砂場や先生たちのお部屋なんか、分からないことがいっぱいあると思うから、みんな親切にしてあげてね」と話すと子どもたちは大はりきり、早速手をつないで遊びに誘う子どもも現れた。ところがブロックで遊んでいるうちに、いきなりKがN夫を叩き、けんかになった。
> 泣きながらKは「ボクが何回もブロックを貸してあげているのに、ありがとうって言わないんだよ」と訴えた。

今まで家庭で生活し、一人っ子ゆえに大事にされてきたN夫にとっては、好意を受けた場合に"ありがとう"と応える習慣がなかったにすぎないが、園生活では「貸して、入れて、あそぼう、あとで、だめ、ごめんね、ありがとう」などは、自分たちの友達づきあいを進めていく上で必要な言葉である。

そのような言葉を、自分たちの生活の中で不自由なく使いこなせるか否かは、子ども自身の集団への参加意識の程度による。

"生活用語としての言葉の育ち"が不十分な場合、保育者が仲立ちとなって使うべき言葉を伝えていくことが必要である。しかし、言葉そのものの指導を試みるよりも、周囲の友達への興味や関心が広がり、自分を集団の一員として

感じ積極的に友達とかかわれるよう，子ども自身の心の育ちを促すよう心がけたい。

5．考える力の育ち

言葉には音声として出される言葉(外言)と，物事を考えるときなどに頭の中で思い巡らしている音にならない言葉(内言)とがある。外言語は比較的キャッチしやすいが，内言語の育ちを押さえるのは難しいことである。

> 朝顔の種まきをし，水を撒いたあと，M男（5歳7カ月）はじっと畑を眺めて動こうとしない。「どうしたの？」と声をかけると，「どうしてタネから芽がでるのか考えていた」と答えた。

子どもは，「どうしてだろう？」と疑問を持ったことは，子どもなりに自分の頭の中で考え，整理し，納得する答を導こうとしている。その思考の働きが育つためには，体験の場の確保や実際に試みる場があることがあげられよう。

たとえば朝顔の種まきを例にとるならば，なぜ種から芽が出るのか，いろいろに条件を変えて発芽の状態を確かめてみても良いだろう。そして，子どもなりに自分で試し，確める過程で内言語は使われ，体験を消化，整理する過程で考える力が育っていく。

とするならば"考える力の育ち"は，子ども自身の自主的生活が保障されることであり，日常の生活態度や経験が大きく影響してくると思われる。

> 3歳4カ月の男児が，園庭で"アリ"の行列を見つけて石で叩きつぶしていた。
> 保育者が「かわいそうでしょ。アリさんだって生きているのに，そんな

> ことして良いと思う？　考えてごらんなさい」と言うと、「かんがえた」と
> 言いながら、またアリをつぶし出した。

　「考えてごらんなさい」と言うだけでは、どうすれば良いのか解決案を見つけ出せない場合もあるであろう。幼児の場合は「どうすれば良い？」と尋ねてみるなどして、どのように考えたのか"内言語"の"外言語"化を図ることも大切である。

　"考える力の育ち"を外言化された言葉からのみとらえようとせず、さまざまな場面や状況で、子どもがどのように行動し対応するかという面からとらえるよう心がけなければならない。

6．言葉から広がるイメージの育ち

　お話、紙芝居、絵本などは子どもたちに、実際には体験することのできないさまざまな世界を提供する。その世界で遊びながら、子どもたちは多くのことを想像し、やがて、自分たちの遊びの中で具体的な形に発展させ楽しむようにもなる。

> 　「先生、今日の打ち合わせは2階でしますか？　それとも…」と話しかけると、側にいたH子（2歳4カ月）がタイミングよく「それとも　どろぼう」と大声を出す。
> 　大好きな絵本「ねないこ　だれだ」（せなけいこ作・絵　福音館）の中の言葉が口をついて出たものである。

　お話、紙芝居、絵本などで豊かな感性がみがかれ、想像性が育まれると、お気に入りの絵本の中の言葉が、ある場面で連想されて出てくることもあれば、アンパンマンごっこなどのようにごっこ遊びの中で再現されることもある。

> 　2年保育年長組のクラスで「あいうえおのうた」（こわせたまみ作　まどみちお曲）を歌った。子どもたちは歌詞に非常に興味を持ち、「かきくけこのうた」を作りあげた。

> 〈あいうえおのうた〉
> 「あ」の字のつくもの
> あなぐま，アパート
> あなぐま雨の日あそべない
> 窓からおもてを見てるだけ
> 見てるだけ　　　（以下略）
>
> 〈かきくけこのうた〉
> 「か」の字のつくもの
> かに，かめ，からす
> からすはとっても柿が好き
> かにさん黙って横あるき
> 横あるき　　　　（以下略）

　想像力は，さまざまな場面で創造性となって発揮される。お話，紙芝居，絵本などのあとに，すぐ「何が出てきた？」「どこが面白かった？」などと質問ぜめにしていると，"覚えよう""何か言わなければ"の思いが先に立って，物語そのものを楽しめなくなり，本当の意味での想像性は育ってこない。

　ゆっくりと，じっくりと広がっていく感動を大事に育てることで，想像活動が活発になるよう心がけたい。そして，その想像活動の中から，子どもたちのイメージの広がりをとらえたいものである。

7．読む力・書く力の育ち

(1) 読むことから解ることへ

　4～5歳児になると子どもたちは，自分たちの周囲にある文字に自然に興味を示すようになる。文字への関心は，先ず読むことから始まるが，そのきっかけとなるものは，保育者が「紙芝居」を読む際にタイトルを示しながら，一字ずつ読みきかせをしていたことであったり，タオルかけや靴箱などに自分の名前が書いてあるのを見ているうちに，などであったりする。

　また保育室には，絵本の他にも誕生日を知らせる装飾や当番表などが貼られていたり，家庭ではカレンダーや新聞，雑誌などが身近にあるなど，子どもたちが自然に文字を目にする環境が整っている。最近，家庭で著しく普及したテレビゲームも，様々な論議があるが，読むことへの興味を早くから動機付けるきっかけになっているようだ。

　文字は読めるけど（5歳児クラス　5月の例）

> 　降園時，保育者が連絡帳を返そうと，いつものように連絡帳を入れた箱

を膝に乗せると，当番の子どもが「ぼく，もう字が読めるんだ。だから，ぼくが返したい」と言い出した。そして連絡帳を受け取り「なーがーいーまーこーとー」と一字ずつ大きな声で読み終えた。「よく読めたわね。誰の連絡帳？」と尋ねると，また「なーがーいーまーこーとー」と読み始めた。

上記の例は，文字が読めるようになった子どもでも，最初のうちは単に文字を**読んでいる**に過ぎず，書かれていることの意味は理解できていないことを表している。このように，**読める**ことと**読んで解る**こととは必ずしも一致していないことがあるので，保育者は，読むこと・読めることのみを重視せずに，文字で表現されていることの内容がどの程度理解できているか，折にふれて読みとる力の育ちを確認する必要があろう。

ただし，文字への興味は個人差があるので，一人一人の関心度に応じたかかわり方を心がけなければならない。

(2) 書くこと（文字指導）の指導の留意点

字は書けないけど書けるよ

ある教育研究所での例である。5歳児のNが知能検査を受けに来た。テスターが「字が書けますか？ これから私が言う通りに書いて下さい。山の上に大きな木があります。」というと，Nは「ぼく，字は書けないけど，かけるよ」と言って，山の上に木が生えている様子を描いてニッコリしたという。

この知能検査では，耳で聞いたことを文字で表現することが課せられているため，上記の表現では正解にならない。しかし，文字は書けないけど，耳にした言葉からイメージしたことを，絵でなら書けると絵文字で表現したNくんの表現意欲・表現力は言葉の育ちの面からは評価される。

なぜなら，言葉が感情表現や人と人とのコミュニケーションをはかる上で大切なものであると同様，文字も書き手の思いを伝える上で欠かせないものであるからである。

子どもは，保育者の指導や援助によって，文字や標識が自分の名前やクラス

など所属を表すときに使われることや、止まれ・触ってはいけないなど注意を促すときにも使われるし、絵本の中の文字をはじめとして手紙など伝達したい内容を表すものとして大切な役割を果たしていることを理解していく。

　上記の例でも、文字や標識は**誰かに伝えたい**という思いや必要性のあるときに用いられる、ということをNなりに理解しての表現だったのであろう。

　　年長組で"おたよりごっこ"が流行りだした。
　　表書きに『品川9』と書いているM子に、保育者が「品川9の9はね、数字と言って、……が9つあるよとか、9番目でしょ、と言うようなときに使う。だから品川という広い場所を表すときには品川区と書くの。難しいわね。」と説明したら、かえって文字に興味が湧いたらしく、「これはどんな意味？」と聞いてくる子どもが増えた、と言う。

　幼児期には、きれいに書く、正しく書く、などの書くことのみを重視する文字指導は不要であって、人に何かを伝えるために、人と人とのコミュニケーションを深めるために言葉と同じように文字が存在するということを伝えていきたい。そのためにも、文字への興味や関心が無理なく育つような保育者の配慮と同時に、文字での表現を楽しもうとするその子なりの表現を大切に受け止め、言葉の育ちを見守って欲しい。

　子どもの言葉の育ちをとらえる視点をいくつかあげてきたが、幼児の場合は特に言葉が生活全般にかかわり、影響力を持つことに注目しなければならない。
　子どもの言葉というと、話せること、静かに聞けること、文字が読めることなどが取り上げられがちであるが、〜ができるようになるためにも、〜しようとする意欲や関心、態度が育っていることが大事である。
　言葉は形式ではない。人間にとって最も素朴な感情表現でありながら、かつ最も高度で複雑な精神活動を支えるものが言葉である。子どもたちの生活の中で、言葉がどのように子ども自身のものとなるかは、子ども自身がどれだけ自分の生活を生きているか、生活態度、つまり園生活に向かっていく姿勢の育ちを見ることではなかろうか。

II　保育評価の生かしかた

　言葉は，前述のとおり，子どもたちが日常生活の中で，さまざまな要求を満たし，生活そのものに適応していく過程で獲得され，子どもたちの生活そのものを豊かに彩っていく。

　それゆえ，言葉の育ちをとらえる視点は，同時に子どもの生活の広がりを見つめる視点であり，保育者の保育実践を言葉の側面から見直す視点でもある。

〈全体像の中でとらえる〉

> 　K幼稚園では，言葉の育ちの確かめを，月に一度，朝の登園時に保育室の入口で子どもたちが"あいさつ"する様子を，「自分からすすんであいさつする」「保育者があいさつするとかえせる」「保育者があいさつしてもできない」という段階に分け，それを○△×で記録し，子どもたちのあいさつする様子がどのように変わっていくか，観察していた。
>
> ★K子は「自分からすすんであいさつができる」子どもである。けれども遊びの中では消極的であり，友達に誘われてもすぐに返事ができなかったり，自分からはほとんど友達に話しかけることもない無口な子どもである。
>
> ★T男は毎朝保育室に走りこんでくる元気な子どもである。彼は，いつも何か面白いことはないか，変わったことはないか，と目を輝かせている子どもであり，好奇心旺盛でじっとしていない子どもである。したがって，保育者のあいさつも耳に入らぬ様子で，「保育者があいさつしてもできない」という×をつけられていた。
> 　　しかし，好奇心旺盛な彼は，遊びを面白く発展させるという面では天才的であり，友達の間でも人気者の子どもである。

この事例のような,「あいさつができる」「あいさつができない」という子どもの観察結果を,どのように考えていけば良いのであろうか。

「あいさつができる」「あいさつができない」ということは,子どものある一面をとらえ行われたものである。確かに"あいさつする"という一面から見れば,K子は○で,T男は×であるかもしれない。しかし,園生活での充実度から見るならばどうであろうか。あいさつすることは,社会生活を営んでいくうえで欠かすことのできない大切なものである。それゆえに言語表現としても習慣化されていく様子を観察したものと思われるが,その結果は,たえず子どもの全体像の中で評価するようにしなければならない。

〈子どもの内面的な心の動きをとらえる〉

> 幼稚園,年長組でのこと。
> 子どもたちは,毎朝元気いっぱい登園してくる。友達との遊びも大きく広がり,あこがれの年長組になったこともあって,うれしくて仕方のない子どもたちは,そのうれしさを乱暴な言葉や仕草で表現したりもする。「おまえ」「おれ」などと呼びあうこともその表れであれば,「チェッ」と舌うちしたりするのも,その表れである。
> その状態を反映してか,朝登園してくる時も保育者に向かって,遠くから「オス!」と呼びかけながら走ってくる子どもが見られるようになった。
> 笑って彼らのあいさつを受けとめる保育者に対し,母親の間から「新卒の先生はしつけができていない。もっときちんとあいさつができるよう,厳しく指導して欲しい」という意見が出た。しかし,その園の園長は,「あいさつは出会った時の感情から交すもの。先生と会えてうれしいよ,今日も一緒に遊ぼうね,みんなと遊ぶぞ,などの弾むような気持ちが『オス!』という言葉に込められているのではないか。それを『おはようございます』という形式的な言葉で言い直させたら,弾むような気持ちも萎んでしまうのではないか。だから,『オス!』というあいさつをそのまま笑顔で受けとめることも,今の段階では良いことだと思う。
> けれども,あいさつは人と人が会った時に交わすものであり,社会生活

を営んでいく上で欠かせないものであることを，折にふれて伝えていくことも必要である。その過程で，いつでも，誰にでも『オス！』というあいさつをすることが良いのではなく，場面に応じて，相手に応じて使い分けられるように，つまり，言葉の使い方のT.P.Oに気づくよう指導していくことが大切なのではないか」と母親に語りかけた。

われわれは子どもの表面的な行動をとらえて，良い，悪い，と評価しがちである。けれども大切なことは，なぜそのような表現をするのか，子どもの内面的な心の動きを知ろうとすることである。『乱暴な言葉』や『悪い言葉』で表現の裏には，仲間意識の表れ，成長したことの喜び，権力の誇示，覚えたての言葉を使いたい気持ち，などさまざまな思いがあろう。

したがって，悪い，汚い，乱暴な表現であっても，言葉の使い方にこだわり，型にはめようと指導をすることは避けなければならない。

〈教育的立場に立って受けとめる〉

11月のこと。階下の保育室からわぁーわぁー騒がしい声がしていたと思うと，そのうち，ドタドタと階段を駆け上がってきた年長児のＳ夫がぶらさげているのは，なんと大きな"ねずみの死骸"。Ｓ夫は得意そうにそれを保育者に渡そうとした。一人の保育者は悲鳴とともに逃げだしてしまったが，1歳児クラスの子どもたちは驚いた様子も見せずポカンとし，Ｓ夫と一緒に登ってきた子どもたちは，「気味わるい」「こわーい」などと言いながらも遠まきにしている。

その様子に気づいた主任の先生がきて，「どうしたの？大きなねずみね」と尋ねると，Ｓ夫は「物置きの所で見つけた」とうれしそうに答えた。「死んじゃったねずみはかわいそうだけど，みんな嫌がっているでしょ？　それに病気で死んだのかもしれないから赤ちゃんの部屋には持ってこないでよ」と諭すと，Ｓ夫は「『他人が嫌がることをするのは良いこと』だって言ったじゃない」と答えた。

午後のミーティングの時，この件が話題になった。たまたま前日のことであるが，運動会の練習で散らばった"すずわり"の紙ふぶきが地面にくっついているのを年長児たちがひろっていた。見ていた保育者が「年長さんたち，偉いわね，泥んこで汚れているのに紙を拾ってお庭をきれいにしているのね。"他人が嫌がることをするのは，とっても良いことよ"」とほめていたが，そのことがきっかけとなったのではないか，という意見がある保育者から出された。一方，S夫はいつも問題を起こす子どもであり，今日のことも言葉を誤解してのこととは思えない。という意見が大半を占めた。

もしかしたら後者であるかもしれない。しかし，保育の場では，いつも問題を起こし，いつも悪いことをするS夫，と評価してしまうことは危険である。言葉の意味を誤解し，とり違えた子どもならではの行動と受けとめていきたい。そして，"他人が嫌がることをするのは，良いこと"の意味（ニュアンス）の違いを，S夫に十分理解できるように話すことが大切であろう。そうすることでS夫は，自分の行動を反省するかもしれないし，言葉の面白さに気づくかも知れない。

言葉の育ちを確かめるためには，保育者自身が子どもの言動をきめつけて見たり，表面的にとらえぬよう注意したい。常に，〜と考えたのかもしれない，〜という気持ちだったのかもしれない，と柔軟性をもって，相手の言動（気持ち）を肯定的に受けとめようとする教育的立場に立ったとらえ方が大切である。

〈発達していく過程にある子どもとしてとらえる〉

A幼稚園では出席をとる時，いつも保育者が一言ずつ子どもたちに問いかけ，子どもたちはその問いに答えるという方法をとり入れていた。そうすることで，子どもたちは友達のことが分かり，自然に"人の前で話す"ことに慣れ，また"友達の話すことを聞く"という態度や習慣が育っていくのでは，と考えてのことである。

4歳児も6月になるとクラスの雰囲気もだいぶ落ち着いてきて，友達にも興味を示し，友達の話を聞こうとする姿勢も見られるようになってきた。そこで保育者は「みんなの大好きなものはなあに？」と尋ねてみた。「積

> み木」「お人形さん」「ウルトラマン」「アンパンマン」などの答え。次の週に「先生が大好きなものは，チョコレート。みんなの大好きなものはなあに？」と尋ねると，「おかし」「アイスクリーム」などに混ざって，「ウルトラマン」「アンパンマン」などの答もかえってきた。
> 　さらに次の週に「先生は緑色の洋服が大好き。みんなの大好きなものはなあに？」と尋ねると，今度はかなりの子どもが"好きな色"を答えたが，H男は相変らず「ウルトラマン」と答える。

　その繰り返しの中で，子どもたちは，しだいに「みんなの大好きなものはなあに？」と尋ねても，その時によってテレビの番組や絵本，虫や動物などいろいろな内容を尋ねられていることが分かり，その問にふさわしい答を考えるようになった。

　とは言え，最初のうちは友達の答をまねる子どもも，まわりの子どもに教えられて答える子どもも見られた。なぜなら，ある問いかけにふさわしい答を頭の中に導きだすまでの過程には，生活経験や言葉そのものへの理解度などから個人差があるのは当然である。また，答そのものが導きだせたとしても，それを言葉で表現することに，照れや抵抗がある場合や，依存的な傾向が強く，自分で考えようとしないままに，友達からの答を繰り返すという場合もある。

　それでも注意などせず，さまざまな問いかけを繰り返すうちに，子どもたちの中に"注意して話を聞こうとする態度"が育ち，"自分で考えて答えようとする意欲"が見られるようになったという。

　言葉の育ちを確める場合には，子どもの生活そのものの広がりを見ることが大事であり，現時点の子どもの状態で評価してしまわず，発達していく過程にある子どもの姿としてとらえることが大切である。

〈個人的特徴（個人差）を認める〉

> 　1月ともなると卒園を間近にひかえ，年長児のクラスは活気も増し，集団で遊ぶことが多くなってきていた。男の子は大型の箱積み木でロケット基地や城などを作り，攻めあいを楽しんでいるが，女の子の間では"なわ

とび"が流行り，大縄でダイナミックな遊びを楽しんでいた。
　その日も女の子ほぼ全員が"大縄とび"をしているのに，Y子だけが離れた所で見ている。その様子が気になる実習生がY子を誘おうとすると，担任の保育者が「あの子は大丈夫。ひとりでいても退屈していないし，自分で入るタイミングを待っているのだから。もうすこし見てて御覧なさい」とおっしゃった。
　そして保育終了後，「Y子ちゃんは，いつも黙っている子。だけど何でも分かっているしっかりした子だから，子どもたちも認めているの。Y子ちゃんを誘わないのではなく，Y子ちゃんは自分から入って来られることを知っていて，みんな待っているの」と話されたという。

　言語表現のタイプを見ても，子どもには思ったことをすぐ口にする子ども，問われなければ話さない子ども，聞かれてもなかなか話さない子ども，などいろいろなタイプがある。
　保育の場では，ともすると"よく話す子ども"が良い評価を受けがちであるが，音声として表出される外言語ばかりでなく，音声としては表出されないが頭の中で思考されている内言語も大事に考えていきたい。とするならば，黙っているから何を考えているのか分からない困った子どもという評価はなくなるであろう。個人差の尊重とは，よく言われることである。言葉の育ちを見る面においても，発達の個人的特徴を認めるかかわり方を心がけたいものである。
　言葉は生活経験や環境，精神発達や社会性の発達などさまざまなものの影響を受け，個人差の著しいものである。
　ともすれば一時の現象として流されてしまいがちな保育を，もう一度見直し，一人一人の子どもの発達課題を確認するためにも，"言葉の育ちをとらえる"ことは大切である。そうすることで，自分の保育の問題点や反省点を見つけ出すこともできるし，次のステップへの手がかりも得られるであろう。

〔引用・参考文献〕

〈第1章〉
1）文化庁編『言葉のしつけ』大蔵省印刷局　1975
2）岡田明著『読書教育の心理』協同出版　1966
3）岡田明著『言語教育の心理』新光閣　1968
4）岡田明著『最新読書の心理学』日本文化科学社　1973

〈第2章〉
1）天野清著「子どものかな文字の習得過程」秋山書店　1986
2）飯高京子・若葉陽子・長崎勤編「講座 言語障害児の診断と指導 第3巻 吃音の診断と指導」学苑社　1990
3）今井和子著「ことばの中のこどもたち」童心社　1986
4）上田哲生著『早期文字習得と就学後の読解力との関連』「日本保育学会第36回大会研究論文集」　1983
5）内田伸子著「幼児心理学への招待　子どもの世界づくり」サイエンス社　1989
6）内田伸子著「読む書く話すの発達心理学」放送大学　1994
7）大久保哲夫・綾瀬健史・三島俊男・茂木俊彦編著「障害児教育ハンドブック」労働旬報社　1991
8）岡本夏木著「子どもとことば」岩波書店　1982
9）岡本夏木著『乳幼児期の言語発達』「言語」川島書店　1978
10）小椋たみ子著『初期言語発達に関する研究（Ⅳ）——一語発話と認知能力の関係について—』「日本心理学会第47回大会発表論文集」　1983
11）河合芳文・堀田修・間々田和彦著『幼児用読み物における平仮名，および音節の使用頻度と文字指導への示唆』「東京学芸大学紀要・1部門」31　1980
12）国立国語研究所「幼児の読み書き能力」東京書籍　1972
13）心身障害児教育・福祉研究会編「心身障害児教育と福祉の情報事典」同文書院　1989
14）辰野俊子著『語意味の発達』「幼児の言語発達と指導」家政教育社　1982
15）中村美津子著『ことばを使う　話すこと，聞くこと，書くこと』藤崎眞知代・野田幸江・村田保太郎・中村美津子共著「保育のための発達心理学」新曜社　1998
16）中村美津子著『ことばと問題』村山真雄監修「ことばの発達と文化」不昧堂出版

1998
17) 芳賀純編著「幼児の言語発達と指導」家政教育社　1982
18) 秦野悦子著『指さし行動の発達的意義』「教育心理学研究」31，3　1983
19) 藤永保・斎賀久敬・春日喬・内田伸子著「人間発達と初期環境」有斐閣　1987
20) 堀田修著『文字・音節の使用頻度による平仮名の文字習得要因に関する研究』「教育心理学研究」32，1　1984
21) 正高信男著「0歳児がことばを獲得するとき──行動学からのアプローチ」中央公論社　1993
22) 無藤隆・高杉自子編「保育講座⑨　保育内容　言葉」ミネルヴァ書房　1990
23) 村田孝次著「幼児の言語教育」培風館　1968
24) 文部省「幼稚園における心身に障害のある幼児の指導のために」東山書房　1987
25) やまだようこ著「ことばの前のことば」新曜社　1987

〈3章・4章〉
1) 文部科学省「幼稚園教育要領」2017
2) 厚生労働省「保育所保育指針」2017
3) 内閣府　文部科学省　厚生労働省「幼保連携型認定こども園教育・保育要領」　2017
4) 無藤隆・民秋言著『Nocco セレクト　vol.2 ここが変わった！NEW 幼稚園教育要領，保育所保育指針ガイドブック』フレーベル館　2008
5) 斉藤美津子著「話しことばの科学」サイマル出版会　1972
6) 斉藤美津子著「きき方の理論」サイマル出版会　1972
7) 大久保愛著「幼児のことばとおとな」三省堂選書　1977
8) 岡本夏木著「子どもとことば」岩波書店　1982
9) 今井和子著「ことばの中の子どもたち」童心社　1986
10) やまだようこ著「ことばの前のことば」新曜社　1987
11) J. S. ブルーナー著・寺田晃他訳「乳幼児の話しことば」新曜社　1988

〈第6章〉
1) 古宇田亮順・松田治仁著「パネルシアターをつくる」1〜5　東洋文化出版　1980〜
2) 古宇田亮順・阿部恵著「講座パネルシアター」東洋文化出版　1981
3) 古宇田亮順著「言葉遊び歌遊びパネルシアター」東洋文化出版　1988
4) 阿部恵著「楽しく遊ぼうパネルシアター」明治図書　1988

〈著　　者〉　　　　　　　（五十音順）

〈編者〉	岡田　　明	筑波大学名誉教授　教育学博士 東京成徳大学名誉教授（故人）
	岡崎比佐子	元貞静学園短期大学教授
	加藤清子	元聖徳大学幼児教育専門学校講師
	古宇田亮順	元淑徳大学講師
	相馬和子	淑徳短期大学名誉教授（故人）
	永野　　泉	元淑徳短期大学准教授
	中村美津子	元和泉短期大学教授

撮　　影／細川ひろよし
撮影協力／あおぞら幼稚園　　港南台幼稚園
　　　　　城西幼稚園　　かぐのみ幼稚園
　　　　　東京都中野区立野方ベビー保育園
　　　　　東京都板橋区立上板橋保育園
　　　　　東京都板橋区立向原保育園
　　　　　慈愛会保育園

新保育内容シリーズ
〈新訂〉子どもと言葉

1990年 4 月10日　初版発行
2000年 3 月15日　改訂初版発行
2008年 9 月15日　新訂版発行
2017年 4 月 1 日　新訂版9刷
2018年 2 月26日　新訂第2版発行
2024年 4 月 1 日　新訂第2版7刷

　　　　　　　　編　　者ⓒ　岡　田　　　明
　検印省略　　　発　行　者　　服　部　直　人
　　　　　　　　発　行　所　株式会社　萌 文 書 林
　　　　　　〒113-0021　東京都文京区本駒込6-15-11
　　　　　　　　　　　　　TEL（03）3943―0576（代）
落丁・乱丁本はお取替えいたします。　振替口座　00130-4-131092
　　　　　　　　　　　印刷　あづま堂／製本　明光社

ISBN 978-4-89347-067-6 C 3037
日本音楽著作権協会(出)許諾第0002368-327号承認済